I0821359

LES CAHIERS DU CEPOA

2

# L'ANIMAL, L'HOMME, LE DIEU DANS LE PROCHE-ORIENT ANCIEN

Actes du Colloque de Cartigny 1981

Centre d'Étude du Proche-Orient Ancien
(CEPOA)
Université de Genève

ÉDITIONS PEETERS
BONDGENOTENLAAN 153
B–3000 LEUVEN

Rédacteurs responsables: Philippe BORGEAUD
Yves CHRISTE
Ivanka URIO

Couverture: Gérard ROQUET

Trad. angl.: Arvid ANDERSEN

Copyright CEPOA 1984

Cet ouvrage a été tiré à 850 exemplaires, dont 50 hors commerce.

ISBN 90-6831-024-0
D. 1984/0602/27

# TABLE DES MATIÈRES

COLLOQUE DE CARTIGNY 28-31 MAI 1981

# LA FONCTION DE L'IMAGE ANIMALE DANS LA REPRÉSENTATION DE DIEU, DU DIVIN ET DE L'UNIVERS RELIGIEUX

## PROGRAMME

Vendredi matin: *Mésopotamie*

D. COLLON (Londres): Les animaux attributs des divinités du Proche-Orient ancien: problèmes d'iconographie.

W. G. LAMBERT (Birmingham): Marduk and the muš-ḫuš (*savage snake*).

O. KEEL (Fribourg): Discussion de quelques problèmes relatifs aux deux conférences données par M. KEEL au CEPOA, le 5 et le 6 février 1981, dans le cadre du cycle de cours publics sur *L'animal, l'homme, le dieu dans le Proche-Orient ancien* *.

Vendredi après-midi: *Préhistoire*

L. CHAIX (Genève): Quelques réflexions sur les fonctions du bucrâne.

J. CAUVIN (Lyon): La fonction de l'image animale dans la préhistoire du Levant.

J. MELLAART (Londres): Animals in the Art of Çatal Hüyük and Hacilar and their Religious Significance.

Samedi matin: *Les Hittites, Israël et le Proche-Orient paléochrétien*

R. LEBRUN (Louvain): Analyse du zoomorphisme des dieux hittites.

M. DELCOR (Paris): L'interdiction de briser les os de la victime pascale d'après la tradition juive.

P. CANIVET (Paris): *Adam nommant les animaux*, dans la mosaïque de Ḥūarte (Syrie, Ve siècle).

Samedi après-midi: *Égyptologie*

J. QUAEGEBEUR (Louvain): Divinités égyptiennes sur des animaux dangereux.

G. ROQUET (Paris): Migrateur et flamant rose.

Ph. DERCHAIN (Cologne): La fonction mythique de certains animaux dans le cadre de l'anthropologie funéraire des anciens Égyptiens.

Dimanche matin: *Discussion générale*

* *Les débuts de la protection des animaux dans l'Ancien Testament* et *Les bêtes sauvages et les monstres du chaos dans le livre de Job (Ch. 39 et 41).*

# RÉSUMÉS

## THE ANIMAL AS SYMBOLIC OPERATOR

Philippe Borgeaud

In order for an animal to achieve the status of a cultural object (hence to become thinkable and consumable), it requires the mediation of a ritual. Apart from the sacrifice, it is the matter of the interdicts (alimentary taboos) which leads us to consider the animal as a symbolic operator. However, its rôle in myths and its symbolic usage can only be understood through its irreducible oddness. From the point of view of this paradox, the present article examins some arguments brought forward by several contemporary anthropologists.

## SOME CONSIDERATIONS ON THE SIGNIFICANCE OF ANIMAL FORMS IN THE PREHISTORIC NEAR EAST

Jacques Cauvin

As the Franco-Cantabrian art in the West, the mobile art of the Epipaleolithic Levant is still characterized essentially by animal forms. Beginning with the 8th century B.C. however, we notice a relative oblitaration of such animal forms and a contemporary arising of the human figure in art, while the symbols organize themselves in a hierarchic order around two predominant figures: Women and Bull. The context of these figures suggests that they represent the first "divinities". An attempt is made to compare these changes in human psychism to other more material aspects of the neolithization.

## SOME CONSIDERATIONS OVER THE BUCRANIUM

Louis Chaix

The bucranium (a frontal with horns of cattle and sometimes of caprovines), is a special vestige found in various archaeological contexts.

Embedded into the walls and associated with paintings of deified bulls, bucrania have been observed in sanctuaries, particularly in the Near East. In some other cases, they have been found among the foundation deposits of Neolithic houses in Europe. Finally, in different countries and at various periods, bucrania have been associated with the deceased in a funerary context.

The explanation for the use of bucrania should take into account their mighty aspect, their poor economic relevance as well as the fact that they probably did represent the living herd.

## LES REPRÉSENTATIONS ANIMALES DANS L'ART NÉOLITHIQUE DE ÇATAL HÜYÜK ET DE HACILAR ET LEUR SIGNIFICATION RELIGIEUSE

James MELLAART

Aucune relation n'a pu être établie entre les vestiges alimentaires retrouvés sur ces deux sites et les grandes scènes festives de capture d'animaux et de chasse de Çatal Hüyük, comparables à celles du Paléolithique supérieur en France ou en Espagne.

À Çatal Hüyük, le symbolisme animal, lié aux croyances religieuses, atteint un degré de sophistication très élevé, illustrant ainsi vraisemblablement l'origine des divinités et leurs animaux familiers, mieux connus à l'âge du bronze anatolien.

Hacilar, un site plus tardif, témoigne de la continuité apparente de ces mêmes croyances, quoique l'accent soit mis sur les «arts mineurs», la céramique et les textiles, ce qui mène à une «abréviation» dans le dessin, côte à côte aux représentations naturalistes que nous retrouvons dans la céramique, à sa phase finale.

## THE ANIMAL NATURE OF MAN AND THE HUMAN NATURE OF ANIMAL IN THE ISRAELITE THOUGHT. HOW DOES MAN DEFINE HIMSELF AS REGARDS TO THE ANIMAL?

Albert DE PURY

How does the Old Testament understand the specificity of human existence as compared to the conditions of animal life? A brief survey of all relevant Old Testament texts, combined with a more careful scrutiny of Genesis 1 and 2-3, shows that the biblical authors were well aware of the absence of an "ontological" difference between mankind and the animal species. Of course, there is in their view a hierarchy of creatures, in which man occupies—*de iure* if not *de facto*—a royal position, but this does not mean that animals have no rights, no significant life or no access to God. The cleft between mankind and the animal world, which is experienced mainly as a continued aggression of one against the other, is interpreted as one of the main frustrations of the "*condition humaine*". But at the same time, man is the nostalgic witness of the marvels of animal life. With its manyfold aspects of social integration, astuteness, vigor, grace and sensuality, this animal world, a life beyond his grasp, can become for him the image of Paradise Lost.

## ABOUT THE INTERDICTION OF THE BREAKING OF THE BONES OF THE PASCHAL VICTIM ACCORDING TO THE JEWISH TRADITION

Mathias DELCOR

The Bible does not give any explanation as to the interdiction of the breaking of the bones of the paschal victim. However, some religious historians have tried to explain this with the statement that the paschal victim was a symbol of god. The ritual of consuming the victim's flesh would then be an apotropaic ritual, a way of identification between the faithful and god, so as to deliver himself from the evil power. If one should break the bones of the victim, the magic and apotropaic significance of the identification would become void because the integrity of the identification would be broached (S. H. HOOKE, *Origins of Early Semitic Ritual*. London 1938). Other authors, beginning with *John* 19, 33-36 as well as modern palestinian sacrificial practices, have explained that the interdiction of the breaking of the bones of the victim is related to the belief in its resurrection and reincarnation.

Facing the explanation of the ethnologists, our inquiry will turn to the Jewish tradition. The book of the *Jubilees* which is one of the oldest known evidences on the interdiction of *Exodus* 12,46, shows that it was regarded as a means of protection of the Jewish people. Other explanations come to the light in the Jewish word, indications that the exact meaning of the Pentateuch's interdiction is no longer understood. Everything points out that the real significance should be looked for in the immediate context as some modern exegets have attempted to do.

## THE ANIMALS ATTRIBUTES OF GODS IN THE ANCIENT NEAR EAST. PROBLEMS OF ICONOGRAPHY.

Dominique COLLON

The attribute-animals play an essentially visual role: they help to identify accurately a god or a goddess. Such animals are choosen for different reasons:

1. They symbolize one characteristic of the god's nature.
2. They symbolize the defeated evil power now in the service of the god.
3. They symbolize the nations represented by the god, the country or a region whereof the god is native.

We will try to illustrate each one of these three cases.

## L'HISTORIQUE DU muš-ḫuš DANS L'ANCIENNE MÉSOPOTAMIE

W. G. LAMBERT

Le muš-ḫuš, créature composite, en partie lion, en partie aigle et en partie serpent, est attesté en tant que symbole divin déjà au 3e millénaire avant J.-C.

Au $2^{e}$, puis au $1^{er}$ millénaire, il est utilisé pour personnifier Marduk devenu le dieu principal du panthéon babylonien.

L'examen combiné des témoignages artistiques et littéraires nous permet de démêler l'historique de cette créature et de mieux comprendre les concepts antiques qui l'entouraient.

## THE ZOOMORPHISM IN THE HITTITE RELIGION

René Lebrun

The cultural zoomorphism inscribes itself within the Anatolian religious tradition. The first evidences appear already in 6000 B.C.. Such zoomorphism is well attested in the Hatti civilization, as well as in the Hittite and Neo-Hittite civilization; it persists, although in a lesser proportion, until the Roman period. The wild animals belong to the gods, as opposed to the domestic ones belonging to the human sphere. If the wild animal is really carrier of a divine nature during the Pre-Hittite and the Proto-Hittite period, within the Hittite Anatolia, the zoomorphism becomes more and more symbolic under the effects of anthropomorphization; without disappearing altogether, at the end of the Empire, it gives way to a rising anthropomorphism.

The main animals of the Hittito-Anatolian cultural zoomorphism are the bull (related to the storm god), the stag (related to the god protector of wild nature), the lion (used for personifying the god of war). To note also the specific rôle played by the eagle.

## SWALLOWS AND STARS

Philippe Derchain

Paraphrase and literary analysis of a Pyramid Spell (Sp. 509) describing the living conditions in the northern part of the Nile Delta.

## MIGRANT AND PINK FLAMINGO IN DYNASTIC AND COPTIC EGYPT. THE ENVIRONMENT, THE IMAGE AND THE SIGN

Gérard Roquet

The Egyptologist can suggest that the Man from dynastic Egypt, in characterizing the "Divine Milieu" which he pictured and embellished with images, relied on a tradition of symbiosis with the perinilotic Animal Environment. Such an underlaying dialogue takes its roots prior to the graphic era of the pharaonic civilization.

A question arises then: is it demonstrable that Man from the Nile has isolated *from the ethology of the Bird fauna observed* some characteristics consciously integrated within the structures of his imaginary religious world?

Before answering, one should move cautiously and—*first*—specify and prove, case by case, the objectivity with which the Egyptians observed the Birds. Such observations are, implicitly and explicitly, classificatory. Egypt forges the generic concepts which keep us informed on the point of view of the observer as well as on the behaviour of the individuals observed.

The typical case which we will consider and propose for discussion will be that of BIRD MIGRATION as it shows (a) from iconographic archives of the ancient Egypt, and above all (b) through the cultural act of linguistic nomination.

## EGYPTIAN DEITIES STANDING ON DANGEROUS ANIMALS

Jan QUAEGEBEUR

As in other cultures of the ancient Near East, we find in Egypt too the motive of gods standing on dangerous animals (e.g. lions, snakes, crocodiles). Our investigation concentrates on the iconography of "Horus on the crocodiles" and of similar apotropaic deities, such as Tutu, the sphinx-god, who is apparently stepping on a snake. The analysis of these magical representations shows that the divinity is not always standing on the dangerous animal(s). The latter then accompany the god and rare not necessarily to be regarded as the god's enemy or as the defeated evil; they can represent his assistants or his weapons.

In such a context, the animal, dangerous to man, is another expression of the might of the central god.

## ADAM'S BESTIARY: THE GRIFFON

Pierre CANIVET

The sanctuary of Ḥūarte (Syria) provides an outstranding example of the mosaic pavements which adorned a number of churches dating from the 4th to the 6th century. Deriving from the iconography of the bestiaries or from the large hunting scenes, they generally represent, on a background of trees and flowers, moving wild animals who pursue and rip each other apart; man is generally absent. Contemporary literature, which symbolizes human passions through animals, invites us to see in the naves of the churches an image of the world where such passions face each other, whereas the decoration of the absides, figuring only pacific animals enveloped in grape pimpernels, should evoque the paradise and the kingdom of heaven. It is no doubt hazardous to give a precise meaning to each animal, unless the situation in the building or in the thematic composition puts into evidence one of the symbols mentioned in the legend, like in the case — among the fabulous animals — of the Unicorn represented by each of the baptisteries, or of the Phoenix in the scene representing Adam nominating the animals. Here, the Griffon, symmetrical to the Phoenix of the resurrection, could figure Nemesis, the blind force of Destiny and Death which the Christ, new Adam, has come, according the Epistle to the Colossians, to submit to his might, thus liberating man from the astral forces which oppressed him.

# PRÉFACE

En 1981, du 28 au 31 mai, grâce aux subsides de la Commission administrative de l'Université de Genève, le Centre d'Étude du Proche-Orient Ancien de l'Université de Genève a pu organiser à Cartigny son deuxième colloque interdisciplinaire. Le thème des ces débats — *L'animal, l'homme, le dieu dans le Proche-Orient ancien* — avait fait l'objet de notre cycle de cours publics et de séminaires de l'année précédente et c'est dans son prolongement que se situent les travaux de Cartigny, publiés ici, dans ce second volume des Cahiers du CEPOA.

Pour tenir compte des vœux de tous les participants, les contributions sont reproduites sous la forme que leur ont donnée leurs auteurs. Nous n'avons donc pas tenté, comme cela avait été fait dans le volume consacré à la ville et au phénomène urbain dans le Proche-Orient ancien, d'unifier la présentation, les notes et les abréviations. Les disciplines représentées dans nos colloques — la préhistoire, l'égyptologie, la sumérologie, l'assyriologie, l'histoire des religions, l'archéologie, etc. — ont chacune leurs usages et nous avons tenu à les respecter, aussi rigoureusement que possible.

Un texte de M. Philippe Borgeaud introduit l'ensemble des communications. Il traduit les réflexions d'un historien des religions sur la matière de ces Cahiers. Pour la suite, un ordre chronologique très souple a été suivi, de la préhistoire à l'époque paléochrétienne.

Des *indices* — un index des noms géographiques et un index des principaux thèmes abordés — ont été préparés par M^me^ Ivanka Urio, secrétaire du CEPOA qui, comme elle l'avait dejà fait pour le précédent volume, a suivi avec notre éditeur l'édition parfois difficile de ces Actes.

Au début de cette année, deux membres très actifs du CEPOA nous ont quitté, à quelques semaines d'intervalle, M. Marc Sauter, professeur d'anthropologie de l'Université de Genève, et M. Niklaus Dürr, conservateur du cabinet de numismatique du Musée d'Art et d'Histoire. L'un et l'autre avaient pris part à la préparation de ce colloque. Depuis de nombreuses années, ils participaient à toutes nos réunions, et avec eux le Centre d'Étude du Proche-Orient Ancien perd deux amis fidèles, deux conseillers bienveillants et toujours avisés qu'on ne remplacera pas.

Ce volume que nous mettons sous presse est dédié à leur mémoire.

Yves Christe

# L'ANIMAL COMME OPÉRATEUR SYMBOLIQUE

Philippe BORGEAUD

Pour Descartes, l'animal c'est l'automate, double concevable de l'homme, auquel il ne manque, pour être homme, ni le mouvement, ni les sensations, ni le désir, rien si ce n'est la raison qui est d'essence divine. Considéré comme l'homme moins la raison, l'animal devient une machine que la pensée cartésienne se plaît à construire et qui se meut, agit, se nourrit, se reproduit, sans toutefois penser, ni parler. Une machine à la description de laquelle Descartes consacre la quasi totalité de son *Traité de l'homme*.

À l'opposé de cet animal analysable auquel ne manque, heureusement, que l'essentiel et que la tradition européenne considère volontiers avec un léger sourire, se situe l'animal moins surprenant mais plus inquiétant que Georges Bataille décrit dans le premier chapitre de sa *Théorie de la religion*: «Dans la mesure où je puis voir *aussi* dans l'animal une chose (si je le mange — à ma manière, ce n'est pas celle d'un autre animal — ou si je l'asservis ou le traite en objet de science), son absurdité n'est pas moins courte (si l'on veut, moins proche) que celle des pierres ou de l'air, mais il n'est pas toujours, et jamais il n'est tout à fait, réductible à cette sorte de réalité inférieure que nous attribuons aux choses. Je ne sais quoi de doux, de secret et de douloureux prolonge dans ces ténèbres animales l'intimité de la lueur qui veille en nous ...»[1].

L'évocation de Descartes et de Bataille, en guise d'introduction, a pour intention de mettre en lumière deux pôles entre lesquels se dessine l'axe de la réflexion occidentale, la nôtre, quand elle se penche sur l'animal (qu'il soit d'ici ou d'ailleurs): un pôle froid, abstrait, où l'animal est vu comme un élément naturel parmi d'autres, une chose qu'on peut impunément manipuler, utiliser, découper; et un pôle plus affectif où l'animal est ressenti comme l'autre de l'homme, un autre immédiat, transparent au monde, médiateur de l'invisible, guide. Ces deux postures, qui sont les nôtres, dessinent un axe dont l'histoire et l'ethnographie démontrent qu'il est loin de nous être propre. Un des problèmes les plus généralement débattus dans chaque culture (et auquel chacune répond à sa manière) est en effet celui de la traduction du pôle «affectif» en pôle «froid»; cette traduction étant rendue nécessaire par un besoin, qui est d'abord d'ordre alimentaire. Revenons à Descartes, pour éclairer ce point. L'impression d'étrangeté, de surréalité, que peut donner l'animal machine provient du fait qu'il se situe d'emblée, bien que resté vivant, du côté du corps travaillé, arraché à l'univers naturel, intégré dans des catégories culturelles, devenu manipulable, découpable et pensable — en un mot ce qui

[1] Georges BATAILLE, *Théorie de la religion*. Paris 1973, 31.

n'apparaît, normalement, *qu'après la mise à mort*, après la *transformation* du vivant opérée par un *rituel*. Pour devenir pensable, le corps de l'animal exige d'être traité rituellement et symboliquement[2]. La marque de ce «traitement», plus universelle peut-être que le sacrifice, est celle des interdits.

Un voyageur du siècle dernier[3] décrit une population africaine (qu'il ne précise pas, mais peu importe) chez laquelle les garçons, avant qu'ils ne soient circoncis, ont licence de manger n'importe quelle viande («même celle des chats sauvages et d'autres carnivores»); mais après leur circoncision, la chair des animaux impurs leur devient interdite. Sous sa forme imprécise et lapidaire ce témoignage est instructif. Les interdits alimentaires sont explicitement présentés comme marquant l'accession du jeune homme à un certain statut social. Ils n'interviennent pas avant le rite de la circoncision. Cela signifie clairement que ce qui est ici en jeu est de l'ordre de la représentation sociale. L'interdit est symbolique dans le sens qu'il désigne autre chose que la simple définition d'une bonne alimentation. Par la classification des animaux en *purs* et *impurs* (qui deviennent respectivement mangeables et non mangeables) le code alimentaire renvoie à une classification d'un autre ordre que le diététique, une classification construite dans un cadre rituel sur la polarité initié-non initié. L'affirmation d'un ordre social et culturel, d'une *règle* qui dégage l'individu d'un état d'indistinction et de confusion pour l'intégrer à la société adulte, cette affirmation ne peut s'opérer qu'à travers un rituel d'imposition de cette règle. Cet exemple nous permet de comprendre pourquoi la question des interdits alimentaires, et à travers elle celle des classifications animales, apparaît le plus souvent solidaire de la religion, et quelques fois même codifiée dans des textes religieux. Manger de l'animal ou n'en pas manger, manger de tel animal plutôt que d'un autre situe l'individu à l'intérieur, ou en marge d'un groupe défini de manière religieuse[4].

Il serait aussi vain de chercher dans la chair des animaux la raison des interdits alimentaires que de demander à la géologie la raison de la sacralité des hauts lieux. L'extrême variabilité de ces interdits, d'une culture à l'autre, suffit à montrer qu'il y a solution de continuité entre l'animal devenu symbole (alors même qu'on le mange) et le domaine naturel d'où il est extrait. Tout au plus, dans le cas des interdits alimentaires, peut-on relever (dans les cultures où l'élevage domine) une certaine propension à faire de la chair des animaux sauvages un objet de dégoût, plutôt que de celle des animaux domestiques. Mais encore cela n'est-il pas toujours vrai. Ce qui est plus fréquent, semble-t-il, et cela quel que soit le type d'économie (prédominance de la chasse, de l'élevage ou de l'agriculture), c'est un tabou portant, à l'intérieur de la catégorie des animaux sauvages, sur la chair des carnassiers. Un chasseur de fauves remarquait qu'en Amazonie les seuls à manger volontiers de l'animal carnivore sont les chasseurs étrangers (les Européens). Les Indiens, eux, s'y

[2] Cf. Jean-Louis DURAND, Bêtes grecques. Propositions pour une topologique des corps à manger. M. DETIENNE et J.-P. VERNANT, *La cuisine du sacrifice en pays grec*. Paris 1979, 133-157.

[3] G. M. THEAL, *Kaffir Folk-Lore*. London 1886, 16.

[4] Pour un exemple grec ancien, voir Marcel DETIENNE, La cuisine de Pythagore. *Archives de sociologie des religions* 29 (1970), 141-162.

refusent. Il faut peut-être, pour supporter cette extrême métaphore du cannibalisme, être dans une position liminale, se trouver extrait du contexte culturel normal. La situation de voyageur, colon ou aventurier, s'y prête probablement mieux qu'une autre. Mais on connaît des situations où la chair du carnassier est mangée rituellement. De même qu'il existe des situations où le cannibalisme n'est pas une métaphore.

Donc tout est possible. C'est dire qu'il y a théoriquement un nombre illimité de pratiques possibles. Mais il y a toujours règle, ou coutume contraignante. Existe-t-il une règle de ces règles? On a tenté de la rechercher. L'ouvrage classique de Mary Douglas (*Purity and Danger*[5]) a attiré l'attention sur ce fait que, très souvent, l'impureté frappant l'animal est d'ordre classificatoire. C'est pour refuser de se laisser inclure de manière claire dans une classe de la taxinomie animale et une seule, bien distincte des autres, que telle ou telle espèce se trouve considérée comme impure, et objet d'un tabou. Il convient donc, selon Mary Douglas, de rechercher en un premier temps les principes de la classification animale dans *une* culture donnée (celle dont on veut expliquer les tabous). Quels sont les éléments dont cette culture dispose et tient compte pour situer tel animal dans telle ou telle classe? On obtient ainsi la définition de genres, dans lesquels les différentes espèces animales entrent plus ou moins bien. Ces considérations débouchent sur une théorie du tabou comme étant ce qui frappe les interstices d'une classification traditionnelle. Les tabous auraient pour fonction de rendre méconnaissables (c'est à dire de faire ignorer, en rejetant sous forme de dégoût et d'interdit) les parties du continuum naturel qui séparent, ou qui se trouvent entre ce que la conscience (culturellement déterminée) reconnaît comme des choses, des entités bien distinctes les unes des autres. L'animal, pour devenir objet de répulsion, ou au contraire de fascination, devrait ainsi venir bouleverser, par son apparence, l'ordre sacralisé de la classification.

Il serait exagéré de voir ici un phénomène universel. Certaines cultures attribuent plus d'importance que d'autres aux taxinomies zoologiques. Des analyses d'E. Leach[6] et de S. J. Tambiah[7] révèlent une autre tendance classificatoire tout aussi fréquente, qui n'est pas purement zoologique, mais plutôt sociologique: les animaux sont alors classés selon leur plus ou moins grand éloignement symbolique par rapport à un centre (*ego*, ou culture); animaux domestiques et familiers, animaux d'élevage, animaux sauvages. À la série des animaux classés selon leur

[5] Mary DOUGLAS, *Purity and Danger. An Analysis of Concepts of Pollution and Taboo*. London 1966. Un prolongement critique de la théorie de Mary Douglas est offert par Dan SPERBER, Pourquoi les animaux parfaits, les hybrides et les monstres sont-ils bons à penser symboliquement? *L'Homme* 15 (1975), 5-33.

[6] Edmund LEACH, Anthropological Aspects of Language: Animal Categories and Verbal Abuse. Eric H. LENNEBERG (ed.), *New Directions in the Study of Language*. Massachusetts Institute of Technology Press, 1964, 23-63.

[7] S. J. TAMBIAH, Animals are Good to Think about and Good to Prohibit. *Ethnology* 8/4 (1969), 423-459.

degré de proximité à *ego* correspondent d'autres séries. C'est ainsi que des relations d'homologie se dessinent fréquemment entre trois niveaux de distanciation:

— mariage et relations sexuelles (individus plus ou moins épousables),
— catégories spatiales (par exemple: maison, village, champs cultivés, forêt, montagne, etc...),
— degré de commestibilité (animaux qu'on peut manger toujours, parfois, jamais).

L'animal apparaît ici comme un instrument utile pour penser le social, et le problème des classifications débouche sur celui d'un représentation globale de la culture[8].

* * *

L'animal, dans les traditions relevant de cultures basées sur des économies de chasse, opère fréquemment comme un médiateur. Il y aurait beaucoup à dire, de ce point de vue, sur la relation privilégiée qui unit le shaman (représentant marginalisé du groupe humain) au Maître des Animaux (représentant sacralisé de l'espèce)[9]. Qu'il suffise de souligner que l'animal introduit à l'invisible. Il est à la fois, pour reprendre la fameuse formule d'un eskimo Iglulik, nourriture et âme. On pourrait être tenté de croire que cette fonction, d'opérateur symbolique, lui est conférée par le prestige de l'espace dans lequel il évolue, son espace d'origine, qui échappe en grande partie à l'appréhension de l'homme. Les animaux non domestiques, par définition, viennent d'ailleurs. La chasse, d'innombrables mythes le disent, risque d'entraîner le chasseur hors des limites du territoire balisé, hors de l'espace maîtrisable, en direction des esprits et des dieux. Mais ce n'est pas uniquement à cet éloignement dans l'espace que l'animal doit son prestige. Dans les traditions relatives à la chasse l'animal n'est pas représenté comme l'étranger absolu. Bien au contraire des relations parfois surprenantes sont exprimées: nombreux sont les mythes qui parlent d'une identité (ou d'une indistinction) originelle de l'homme et des animaux; nombreux les mythes qui font descendre l'animal de l'homme (et non l'inverse); nombreux les récits qui décrivent l'existence tout à fait civilisée de l'animal dans son monde propre, où il possède villages, maisons, langage, etc...[10]

L'espace d'origine de l'animal apparaît ainsi comme l'espace d'une projection. Un espace propice à la représentation, transposition, mise en scène de situations (ou

[8] Voir l'exemple américain, mi-figue mi-raisin, dans Marshall SAHLINS, *Culture and Practical Reason*. Chicago 1976, 170-179 (Food Preference and Tabu in American Domestic Animals).

[9] Weston LA BARRE a pu faire, de cette relation, l'origine même de la religion: *The Ghost Dance. The Origins of Religion*. New York 1970, 161-196 (The First Gods). Sur le Maître des Animaux, voir Ivar PAULSON, The Animal Guardian: A Critical and Synthetic Review. *History of Religions* 3 (1964), 202-219. Sur la religion des peuples chasseurs, cf. les ouvrages classiques de Uno HARVA, *Les représentations religieuses des peuples altaïques*. Paris 1959; Eveline LOT-FALCK, *Les rites de chasse chez les peuples sibériens*. Paris 1953 et Mircea ELIADE, *Le chamanisme et les techniques archaïques de l'extase*. Paris 1968, 2e éd.

[10] Un bel exemple, dans la Geste d'Asdiwal: Claude LÉVI-STRAUSS, *Anthropologie structurale deux*. Paris 1973, 181-182.

de relations) humaines. Il y a, de ce point de vue, un rapport essentiel, et très ancien, entre l'animal et le récit: mythe ou fable.

Il faut toutefois relever que ce que nous apprennent sur ce plan des traditions relatives à la chasse n'est pas très éloigné de ce que nous découvrons chez des éleveurs, pour lesquels, et de manière encore plus évidente, le monde animal apparaît proche de celui de l'homme. Ce monde constitue même parfois une sorte de société parallèle, organisée sur le modèle de la société humaine. L'exemple extrême serait celui des Nuers étudiés par E. E. Evans-Pritchard[11]. Chez cette population d'éleveurs soudanais, dont l'existence dépend essentiellement des bovins, à chaque individu social correspond (au niveau même de l'onomastique) un animal du troupeau; chaque bête du troupeau, de même, a sa généalogie, dont on se souvient. Evans-Pritchard parle de symbiose entre le monde animal et l'univers social.

Ce type de phénomène, sans toujours prendre une expression aussi systématique que chez les Nuers, est extrêmement répandu même hors du cadre strict des civilisations d'éleveurs. On pourrait évoquer la relation qui unit le paysan de la Grèce antique au bœuf laboureur (qui fait partie de l'*oikos*, du domaine familial); il faudrait peut-être aussi, dans ce contexte, se souvenir des procès intentés aux animaux, du droit relatif à la culpabilité des animaux dans le Proche-Orient ancien, et dans nos régions encore au siècle dernier.

Il existe, dans le domaine des représentations animales, des continuités idéologiques entre les cultures relevant de la chasse, celles qui pratiquent l'élevage, et les autres. Certaines représentations, certaines pratiques religieuses traversent ainsi, en se modifiant certes mais sans devenir méconnaissables, les frontières de l'économie. On est en droit de les comparer dans la mesure où elles apparaissent souvent, à l'observateur, contemporaines, et où elles sont parfois, géographiquement, contiguës les unes aux autres. Il est frappant de constater que des chasseurs peuvent accorder à l'animal, dans leurs mythes, une proximité à l'homme très semblable à celle que des éleveurs accordent à des animaux domestiques. Cette proximité s'exprime évidemment en des termes différents. En guise d'exemple j'ai fait allusion, d'un côté, à la représentation de villages ou de maisons où le gibier vit à l'instar de l'homme, de l'autre à des troupeaux réels organisés sur un modèle sociologique. Il y a, avec l'élevage, un déplacement du symbolique: on sacrifie, presque toujours, un animal domestique. Mais l'animal sauvage ne disparaît pas pour autant de la scène symbolique et la chasse ne perd qu'une partie de sa ritualisation. Elle gagne même parfois, en mythe, ce qu'elle perd en rite. C'est du moins ce que peut suggérer l'exemple de la Grèce ancienne où la chasse, qui ne joue guère de rôle dans l'économie, apparaît comme un thème majeur dans la mythologie.

[11] Edward EVANS-PRITCHARD, *The Nuer: A Description of the Modes of Livelihood and Political Institutions of a Nilotic People*. Oxford 1940.

Certains penseurs ont voulu expliquer la fonction symbolique de l'animal par le fait que celui-ci vit et bouge comme l'homme, tout en ayant des pouvoirs que l'homme n'a pas: envol, vitesse, force, habileté, etc... De là à admettre que l'homme s'identifie à l'animal, et que la possibilité d'une telle identification est à l'origine de l'usage symbolique de l'animal, il n'y a qu'un pas, que G. Van der Leeuw franchissait aisément: «Laissez s'exercer sur votre esprit l'influence des récits qu'ont élaborés les Indiens des deux Amériques, et vous ne saurez éviter l'impression fort nette d'une pensée qui n'opérait vraiment aucune distinction entre les hommes et les animaux»[12]. Van der Leeuw se référait implicitement à Lévy-Bruhl qui prétendait que quand les Bororos affirment qu'ils sont des aras rouges, cette proposition exprime un rapport d'identité, une relation univoque que seules peuvent expliquer les lois propres à une pensée primitive, pré-logique, essentiellement différente de la nôtre, et en particulier une certaine loi de «participation». Il existe une abondante bibliographie de ces rouges aras, que Mary Douglas s'est plue à dépouiller et dont elle dit: «Confronté à cette vaste et obscure littérature, le lecteur profane se prend à soupçonner qu'il doit y avoir ou bien un petit détail erroné dans le rapport de l'explorateur, ou bien une grande erreur dans la théorie»[13].

En fait il semble bien qu'il ait fallu attendre une des dernières conférences d'A. R. Radcliffe-Brown (prononcée en 1951)[14], puis la monographie d'Evans-Pritchard sur la religion des Nuers[15] et enfin, à leur suite, les deux livres de Cl. Lévi-Strauss parus en 1962[16] pour qu'on admette, à la suite d'analyses rigoureuses portant sur d'autres univers symboliques (Australie pour Radcliffe-Brown, Soudan pour Evans-Pritchard, Amérique du Nord entre autres pour Lévi-Strauss), qu'il va de soi que l'affirmation des Bororos, dans la mesure où elle est authentique, ne saurait être que de nature métaphorique et relève d'un usage de l'animal à des fins de classification, usage fort répandu dans les sociétés dites totémistes. Un tel usage consiste, très schématiquement, à articuler des différences relevant de la culture à des différence relevant de la nature et à faire apparaître un rapport d'homologie entre un discours sur le social et un discours sur les espèces naturelles. Par exemple: dans une société donnée les individus du clan *x* (individus qui sont appelés «aigles») sont aux individus du clan *y* (individus qui sont appelés «corbeaux») ce que, au niveau des représentations zoologiques qui ont cours dans cette société, les oiseaux de l'espèce *x* (oiseaux nommés «aigles») sont aux oiseaux de l'espèce *y* (oiseaux nommés «corbeaux»). Pour comprendre ce type de métaphore il faut nécessairement se référer à ce qu'on appelle désormais le contexte culturel, à savoir à la fois (et au moins) l'ensemble des lois qui président aux classifications

[12] G. VAN DER LEEUW, *La religion dans son essence et ses manifestations.* Paris 1955, 72. Trad. J. MARTY.

[13] Mary DOUGLAS, *Edward Evans-Pritchard.* New York 1980, 9.

[14] A. R. RADCLIFFE-BROWN, The Comparative Method in Social Anthropology. *Method in Social Anthropology. Selected Essays by A. R. Radcliffe-Brown edited by M. N. Srinivas.* Chicago 1958, 108-129.

[15] E. EVANS-PRITCHARD, *Nuer Religion.* Oxford 1956.

[16] *La pensée sauvage.* Paris 1962; *Le totémisme aujourd'hui.* Paris 1962.

sociales, et l'ensemble des traditions véhiculées, dans la dite société, sur les diverses espèces naturelles qui apparaissent dans les appellations totémiques. Entre ces deux niveaux (qui l'un et l'autre relèvent de la culture) le rapport n'est pas arbitraire. Il ne relève pas non plus d'une quelconque relation de contiguïté. C'est un rapport d'ordre métaphorique, qui s'établit entre des structures à l'œuvre dans les deux niveaux. Pour découvrir ce rapport il est nécessaire, selon la formule lévi-straussienne, de passer de l'analogie externe à l'homologie interne. La religion totémique, du même coup, s'évanouit en tant que système religieux primitif, entraînant avec elle le vieux débat sur les relations entre tabous alimentaires (ou autres), figure de l'ancêtre, règles d'exogamie et sacrifice de communion. Ce qui reste, selon Lévi-Strauss, c'est un «outil conceptuel aux multiples possibilités». L'animal se retire en tant que bête; il devient moyen d'une pensée, outil conceptuel qui doit son prestige aux multiples possibilités combinatoires qu'il offre. Lévi-Strauss cite une parole d'un indien Osage: «Nous ne croyons pas que, comme le disent les légendes, nos ancêtres étaient réellement des quadrupèdes, des oiseaux, etc... Ces choses sont seulement *wa-wi'-ku-ska'-ye* (des symboles) de quelque chose de plus haut»[17]. Et l'anthropologue conclut ainsi son analyse du système totémique osage: «À proprement parler ce n'est donc jamais l'aigle qu'invoquent les Osage. Car, selon les circonstances et selon les moments, il s'agit d'aigles de différentes espèces: aigle royal..., aigle tacheté..., aigle chauve...; de différentes couleurs: rouge, blanc, tacheté, etc.; enfin, considérés à des moments différents de leur existence: jeune, adulte, vieux, etc. Cette matrice tri-dimensionnelle, véritable système *au moyen* d'une bête, et non la bête elle-même, constitue l'objet de pensée et fournit l'outil conceptuel»[18]. On pourrait être tenté de reconnaître ici la métamorphose de l'animal cartésien en une machine logique utilisée par l'esprit pour mettre en forme le monde et le social. L'animal, de ce point de vue, apparaît situé sur le même plan que n'importe quelle autre réalité «empruntée» à la nature. Une plante peut en effet être considérée comme totem aussi bien qu'une espèce animale. Il convient toutefois d'ajouter, en se souvenant du texte de G. Bataille cité en introduction, que l'animal n'est jamais tout à fait réductible à la chose; et que l'usage symbolique que veut en faire l'esprit humain n'est pas toujours innocent[19]. Pour rester dans l'exemple totémique, on constate que cet usage débouche sur l'affirmation d'un fondement naturel de différences qui sont purement culturelles: derrière l'affirmation que les hommes du clan *x* sont aux hommes du clan *y* ce que les «aigles» sont aux «corbeaux», se cache le soupçon que la différence des uns aux autres, ainsi que leur position dans le système social (et parfois peut-être la hiérarchie) sont fondées en nature. Ce type de raisonnement repose sur un effet de réel. Il ne serait pas possible si l'animal, comme le répètent abondamment mythes et rites, loin d'être réductible au rôle d'instrument logique que la pensée sauvage s'efforce pourtant de lui faire jouer, ne venait en définitive d'ailleurs.

[17] Cl. LÉVI-STRAUSS, *La pensée sauvage*. 196 (note).
[18] *Op. cit.*, 196.
[19] Voir Léon POLIAKOV (éditeur), *Hommes et bêtes. Entretiens sur le racisme*. Paris-La Haye 1975.

# RÉFLEXIONS SUR LA SIGNIFICATION DES REPRÉSENTATIONS ANIMALES DANS LE PROCHE-ORIENT PRÉHISTORIQUE

Jacques Cauvin

La question des représentations animales revêt une particulière importance dans l'art préhistorique du Proche-Orient. Cet art est en effet le plus ancien que l'on connaisse après l'art dit «franco-cantabrique» du Paléolithique supérieur d'Europe. Celui-ci, dont les débuts se situent vers 30 000 ans avant J.-C. s'éteint brusquement vers 10 000, date où précisément apparaissent les premières figurines du Levant associées à la civilisation «natoufienne». L'art mobilier restera présent dans le Néolithique du Proche-Orient, du VIIIe millénaire jusqu'à la Révolution urbaine, enrichi en cours de route par des peintures pariétales et par les décors céramiques qui, après la diffusion de la poterie aux environs de 6000 BC, déploieront sur les parois des vases, au sein de certaines cultures comme le Halafien, une multitude de représentations d'animaux.

Or cette période préhistorique de six millénaires est aussi celle que caractérisent, au Proche-Orient, un certain nombre de mutations fondamentales (sédentarisation en villages construits, apparition de l'agriculture et de l'élevage ...) parfois regroupés sous le nom de «Révolution néolithique». Ses aspects économiques et technologiques commencent à être bien connus. Le sont beaucoup moins, faute de textes écrits, tous les bouleversements psychiques, idéologiques, religieux qui durent forcément accompagner ces transformations matérielles. L'art est ici, avec les rites funéraires, notre seule voie d'accès directe, sinon toujours explicite, à ce «milieu intérieur» (Leroi-Gourhan) des groupes humains d'avant l'histoire.

Mais on ne peut tenter de l'interpréter qu'à condition de ne pas dissocier son étude de celle des conditions sociales et matérielles telles qu'elles transparaissent à travers d'autres genres de documents. Le plus grand danger, ici, est celui d'extrapolation. On ne peut par exemple considérer une représentation animale ni comme un «dieu» ni même comme un attribut de divinité, si l'on n'a pas la certitude, fondée sur le contexte du document, que la notion même de «divinité», en tant qu'instance supérieure individualisée, est bien présente dans les conceptions du temps.

Or l'émergence de cette notion, qui sera chose faite à l'époque urbaine, est précisément ce qui est en question à l'époque néolithique. Il importera en cela de comparer l'art de cette période au seul art plus ancien que l'on connaisse, celui des chasseurs-cueilleurs paléolithiques.

L'art franco-cantabrique, on le sait, est essentiellement animalier. Ce que les parois des grottes ornées, mais aussi l'art mobilier, donnent à voir, c'est avant tout un univers d'animaux, représentations où l'on a pu distinguer plusieurs «styles», mais qui dans l'ensemble restent très réalistes et fidèles à leurs modèles. Sur les fresques peintes, bisons, bœufs, chevaux, rennes, mammouths, etc... sont présents et multiples, mais il n'y a en général ni action représentée, ni scènes composées, au point d'avoir donné à croire que leur disposition était entièrement hasardeuse. C'est le grand mérite de Leroi-Gourhan d'avoir statistiquement prouvé que sous ce désordre apparent il y avait en fait un choix et un ordre et que ces figures animales, qui n'étaient ni choisies ni placées au hasard, signifiaient donc quelque chose. Les Paléolithiques semblent avoir appréhendé les réalités naturelles en les classant symboliquement, les grottes étant des sanctuaires. Cependant si les animaux étaient intégrés dans un système symbolique, rien ne permet de conclure à la croyance en un quelconque «dieu-animal».

Par ailleurs l'homme lui-même est rarement représenté, en position le plus souvent plus ou moins précaire ou menacée, parfois grotesque comme dans le cas particulier de la grotte de La Marche (Pales, 1976) où ses «portraits» répétés ressemblent à des caricatures. Seul émerge, surtout dans l'art mobilier, le thème des «Vénus» sur lequel nous reviendrons.

Il faut donc garder à l'esprit, comme une toile de fond, cet art paléolithique si l'on veut pouvoir apprécier les transformations que dans ce domaine comme dans d'autres va apporter la «Révolution néolithique» du Proche-Orient.

*L'art natoufien*

La civilisation natoufienne occupe la Palestine et la Syrie entre 10 000 et 8200 avant J.-C., lorsqu'un contexte climatique plus chaud et humide autorise la diffusion des céréales sauvages hors de leurs zones-refuges des périodes plus froides. L'économie natoufienne est donc fondée sur une cueillette intense des céréales, sur la pêche et sur la chasse des petits herbivores où prédomine, à une exception près (Beidha), la gazelle. Mais ce sont les Natoufiens qui inaugurent le processus néolithique de sédentarisation en construisant les premiers villages fixes (Mallaha, Mureybet I), encore préagricoles, tout en continuant pour une part (Mont Carmel, Judée) à occuper des grottes.

On leur doit aussi le premier art figuratif du Proche-Orient, sous forme uniquement d'objets mobiliers (statuettes, manches décorés). Or cet art reste, comme au Paléolithique, en grande majorité animalier. À part quelques rares représentations humaines, encore schématiques et asexuées, il s'agit partout de représentations de petits herbivores, soit traitées dans un style très naturaliste, soit plus schématiques, où l'on croit le plus souvent reconnaître des gazelles, les cervidés n'étant pas exclus.

Ces représentations ne recouvrent pas, de toutes façons, la gamme complète des espèces chassées, comme Leroi-Gourhan l'avait déjà noté pour l'art franco-cantabrique. Ni le sanglier, très abondant dans la faune d'Aïn Mallaha, ni les bovidés et les équidés, également chassés partout à un moindre degré, ne sont notamment représentés. Il y a donc, au niveau idéologique, un choix, lequel semble recouper dans le cas de la gazelle une préférence pratique des chasseurs, préférence elle-même d'origine culturelle (*«cultural filtar»* de D. Henry), mais n'entérine aucune prédominance lorsqu'il s'agit de cervidés, très modérément chassés.

Dès lors si le caractère symbolique de l'animal figuré paraît découler de ce choix, rien n'autorise cependant, là non plus, à aller plus loin, par exemple à parler d'un «dieu animal» ayant les traits de la gazelle. Outre en effet que des objets mobiliers, toujours plus ou moins «erratiques», nous privent en cela de tout un réseau de relations avec le contexte susceptibles de nous éclaircir sur leur sens (c'était le cas déjà des «Vénus» paléolithiques), rien au niveau de la représentation elle-même ne vient souligner un quelconque aspect extraordinaire et hors du commun, qui selon Jenssen (1954) caractérise souvent, chez les peuples chasseurs sub-actuels, telle espèce animale promue au rang de «Seigneur des animaux», c'est-à-dire «divinisée». L'art animalier natoufien a en commun avec l'art franco-cantabrique d'être d'une grande qualité esthétique mais idéologiquement «neutre». La représentation, très fidèle à ses modèles, d'animaux sélectionnés en vertu d'un système symbolique de pensée dont l'essentiel nous échappe, tel semble donc être le caractère constant de ces formes d'art les plus archaïques, aussi bien en Europe paléolithique que chez les chasseurs—cueilleurs natoufiens du Proche-Orient.

Il convient cependant de tempérer ces conclusions en considérant que l'art animalier natoufien n'est représenté que par une douzaine de figurines (toutes cantonnées au Mont Carmel et à la Judée), contre trois représentations humaines assurées, ce qui est quantitativement peu de chose en regard de la foison de documents que nous offre l'art préhistorique d'Occident.

*Le Néolithique précéramique (VIII^e^ et VII^e^ millénaire BC)*

C'est au VIII^e^ millénaire que s'effectuent dans certains pays du Levant (Syrie, Palestine) les premières expériences agricoles marquant les origines de la production de subsistance. Nous avons montré ailleurs (Cauvin, 1978) que cette révolution économique ne semblait rien devoir à des contraintes d'ordre écologique et n'était pas la réponse à une pénurie en ressources sauvages, mais apparaissait plutôt comme le corollaire de transformations sociales, au sein de villages brusquement agrandis et à populations plus denses, comme on peut le voir à Mureybet III ou à Jéricho PPNA. C'est donc l'époque où, cessant d'être une espèce prédatrice parmi d'autres, l'homme va peu à peu maîtriser les cycles naturels dans le domaine végétal d'abord, animal ensuite[1]. Une telle mutation, qui devait assurer à l'homme, à terme, une domination sur la nature, a dû forcément se manifester aussi dans l'ordre idéologique et religieux. Ce sont ces changements, que l'art notamment manifeste, qui nous intéressent ici.

Tout d'abord la place de l'animal, précisément, n'y est plus la même: elle perd sa prédominance ne serait-ce qu'au niveau purement quantitatif du nombre des représentations. Sur sept figurines qu'a livrées Mureybet III, six sont humaines. Ces

[1] L'ordre inverse semble avoir prévalu dans l'est du Proche-Orient (Zagros) où l'élevage pourrait avoir précédé l'agriculture.

figurines sont en pierre ou en terre cuite, c'est-à-dire que c'est sur elles que s'effectuent, sur le Moyen Euphrate, les premières expériences de cuisson de l'argile, bien avant la diffusion de la céramique d'usage.

Cette montée de la figure humaine dans l'art prend en outre à Mureybet une forme particulière: il ne s'agit plus de silhouettes asexuées comme à Mallaha ou El Wad natoufien, mais de figurines exclusivement féminines représentées nues dans un style soit schématique soit réaliste où l'on peut observer, à l'instar des Vénus paléolithiques, l'amplification volontaire de la partie du corps évoquant le mieux la fécondité: les hanches. Autrement dit c'est la figure même de ce qui sera la déesse orientale que l'on voit poindre alors sur le Moyen Euphrate puis se diffuser progressivement dans tout le Proche-Orient.

Au VII^e^ millénaire, nous la retrouvons dans l'oasis de Damas (Aswad II), en Palestine à Jéricho PPNB et Beidha, en Turquie du Sud-Est à Çayönü. On la retrouvera au VI^e^ en Anatolie (Çatal Hüyük, Hacilar) où son caractère «divin» s'affirmera de façon plus explicite, au Liban (Byblos), dans la Mésopotamie et dans le Zagros.

Le second aspect de cette humanisation de l'art concerne le célèbre «culte des crânes» qui caractérise au VII^e^ millénaire le PPNB syro-palestinien. Issu d'une pratique déjà observée au PPNA de Jéricho, qui consistait à inhumer à part les crânes humains, il aboutit au PPNB à soustraire entièrement ces crânes à leur contexte funéraire pour les transformer en «objets cultuels» visibles à tous, après surmodelage de la face sur le modèle d'un visage vivant. Nous avons déjà conclu (CAUVIN 1978) à une relation probable, en ce qui concerne les structures mentales d'alors, entre ce «culte des ancêtres», sorte d'hommage rendu par la collectivité villageoise à elle-même en la personne de ses membres défunts, et sa faculté nouvelle de transmettre, de génération en génération, des richesses naturelles désormais humanisées, transformées en «biens» échangeables et transmissibles: ce sont les champs cultivés, portions du sol délimitées et valorisées par le travail humain; c'est aussi l'animal domestique, dont le plein contrôle apparaît précisément au VII^e^ millénaire où les villages d'agriculteurs sont également, dans tout le Proche-Orient, éleveurs de petit bétail.

L'animal donc change partiellement de statut avec l'apparition de l'élevage... On verra cependant que ce sont les animaux demeurés sauvages qui vont de préférence faire l'objet des représentations à venir. Qu'en est-il dans cette première partie du Néolithique, le «Précéramique»?

Il y a une seule figurine sans doute animale à Mureybet III vers 7900 BC. Les ornithologues pensent y reconnaître la représentation schématique d'un rapace nocturne[2]. Un peu plus tard, au VII^e^ millénaire et ailleurs (en Syrie: Aswad, Ramad; en Palestine: Jéricho, Beidha), il y a toujours des figurines animales, mais à l'exception d'un très beau contour découpé en os de Ramad représentant une tête

[2] L'étude par J. PICHON (comm. pers.) de l'avifaune de Mureybet y fait apparaître une étonnante abondance des restes de rapaces, diurnes et nocturnes, dont l'usage alimentaire fait problème.

d'équidé, il s'agit de pièces en argile crue, d'un modelage souvent négligé rendant difficile la détermination spécifique et d'autant plus précaire toute interprétation, que le façonnage ne paraît témoigner d'aucun soin particulier ni d'aucune «valorisation» de l'objet: il y a ainsi un bouquetin à Beidha, divers autres «herbivores» à Beidha, Aswad, Munhata et Ramad (Cauvin 1972).

Un fait émerge cependant sur le Moyen Euphrate: à Mureybet IB et II, c'est-à-dire dans les niveaux de transition (vers 8200 BC) entre le Natoufien et le Néolithique susjacent, la présence de bucrânes de *Bos primigenius* enfouis dans les murs d'argile des maisons: dans un cas le bucrâne, entier, est accompagné d'omoplates de bœuf et d'âne; dans un autre il a été désarticulé et ses éléments (os et cornes) sont rangés dans l'épaisseur d'un mur, également accompagnés d'omoplates. Il ne s'agit donc pas, à proprement parler, de représentations artistiques, mais le caractère élaboré et intentionnel, donc symbolique, de ces dépôts ne fait pas de doute. Au début du VIII^e^ millénaire, la pratique se perpétue par l'enfouissement de cornes de taureaux dans les murs de Mureybet III (Cauvin 1978, Aurenche 1981).

Or les villageois de Mureybet II pratiquent encore une chasse très diversifiée, où prédominent gazelles et petit gibier, le bœuf n'y étant chassé qu'épisodiquement. Ce n'est qu'à Mureybet III qu'il devient l'objet (avec l'âne sauvage) d'une chasse préférentielle qui deviendra proto-élevage à Mureybet IV vers 7400-7000 BC.

Donc cette mise en vedette du taureau ne témoigne au départ d'aucune prédominance alimentaire: elle est purement idéologique et culturelle. Sa quasi-coïncidence à Mureybet avec la promotion d'une figure féminine dans l'art ne peut que renvoyer au couple divin «déesse-taureau», dont nous verrons l'explicite prédominance au VI^e^ millénaire anatolien, et désigner le Moyen-Euphrate comme le théâtre initial de sa mise en place. On peut parler déjà, un peu métaphoriquement, d'un «culte du taureau» sans pouvoir cependant affirmer vraiment autre chose, à ce stade encore très archaïque, que la prédominance apparente, en Syrie du Nord, de deux symboles-clefs: le taureau et la femme féconde.

*Le Néolithique avec céramique: VI^e^ et V^e^ millénaire BC*

Les travaux récents à Çayönü (Braidwood et Cambel 1974) et à Cafer Hüyük dans le Taurus (Cauvin et Aurenche 1982), confirment que c'est bien à partir du Moyen Euphrate syro-turc ('Djézireh) que la néolithisation, remontant le cours supérieur des grands fleuves, a gagné au VII^e^ millénaire le plateau anatolien, où va s'épanouir au VI^e^ millénaire, à Çatal Hüyük et Hacilar, une civilisation brillante et originale. Les documents artistiques de ces deux sites, exceptionnellement explicites, ont été suffisamment bien décrits par Mellaart (1967, 1970) pour que nous n'ayons pas ici à les reprendre en détail, nous contentant de quelques observations.

La présence d'un art pariétal remarquablement conservé dans les maisons de Çatal Hüyük (fresques peintes, hauts-reliefs) a l'avantage de situer les représentations humaines et animales dans un ensemble de relations claires déduites de leurs emplacements dans l'architecture et les unes par rapport aux autres, et aussi de leurs dimensions relatives. Même l'art mobilier, plus explicite que naguère, associe souvent plusieurs figures (humaines et animales) dans une seule statuette. On aboutit donc, au delà d'une simple liste d'espèces ou personnages représentés, à l'appréhension d'un véritable *système* logique dans l'ordonnance de ces hiérophanies.

C'est ainsi que l'on peut à présent affirmer que la notion de «divinité» existe. Les hauts-reliefs de déesses sur le mur nord des «sanctuaires» dominent l'espace domestique de leur présence monumentale, de la même manière que dans l'art néolithique saharien le «Grand dieu» de Jabarren écrase de son énormité le peuple de femmes en prières figurées autour de lui (Hugot, 1980). De même, dans l'art mobilier, la plus célèbre statuette de Çatal Hüyük, la déesse parturiente, où l'opulence des formes imite avec un réalisme étonnant tous les traits cliniques de l'obésité[3], est assise sur trois panthères: c'est l'association insolite femme-fauves qui, au delà du réalisme, crée ici l'élément fantastique nous garantissant qu'il s'agit bien d'un être mythique et surréel.

Dans cette figurine, dont on retrouve l'équivalent à Hacilar (Mellaart 1970), apparaît non seulement le fauve associé à la déesse en tant qu'attribut et image de son pouvoir sur la nature sauvage, mais la première image du «trône» appelé à représenter, dans tout le Proche-Orient historique, l'image même du «divin», avant de désigner la royauté humaine.

La panthère est donc ici, suivant une perspective qui deviendra «classique», *attribut* de la divinité en tant qu'elle symbolise et précise son sens. Mais elle peut en être aussi le *succédané*: de même qu'à Çatal Hüyük le haut-relief féminin peut se dédoubler en deux personnages identiques juxtaposés, voire un seul personnage à double tête (ce que Mellaart appelle la «Twin-Goddess»), de même deux panthères hiératiquement affrontées peuvent exprimer la même idée. Déesse-femme et déesse-animal apparaissent donc ici interchangeables pour exprimer le divin et en quelque sorte le personnifier. Le même principe à la fois royal et procréateur prend tour à tour deux visages: celui de la «déesse-mère», d'où procèdent hommes et animaux, celui d'une divinité animale, la panthère.

Cette transfiguration de la déesse en fauve introduit évidemment parmi ses attributions un élément redoutable. Dans le «système» de Çatal Hüyük, d'autres animaux ont pour fonction de préciser encore cet aspect négatif: becs de vautours[4], défenses de sangliers, machoires de belettes, de renards et d'autres animaux sanguinaires, saillant des murs près de la déesse ou dissimulés dans des seins

[3] Cette observation n'est valable *que* pour Çatal Hüyük. La même idée de fécondité peut être rendue par l'éxagération délibérée de certains volumes (seins, hanches) qui est alors distorsion *artistique* de même but symbolique, mais dépourvue de tout alibi naturaliste: c'était le cas des «Vénus» paléolithiques, c'est le cas aussi en Anatolie néolithique, des déesses d'Hacilar.

[4] Le symbole du vautour est encore mieux explicité sur trois fresques peintes, où plusieurs de ces oiseaux semblent fondre sur des silhouettes humaines acéphales (images probables des corps sans vie) et dont Mellaart a bien vu le sens funéraire.

d'argile, dont ils corrigent cruellement le symbolisme nourricier, montrent que celle qui règne sur la vie règne aussi sur la mort.

Cette ambivalence du principe maternel, bienveillant ou destructeur, se retrouvera aussi bien dans la Grande Déesse méditerranéenne que dans le discours de nos psychanalystes[5] comme instance onirique de l'inconscient humain.

Le second pôle de la vie religieuse à Çatal Hüyük se manifeste sous une forme presque exclusivement animale: c'est le taureau. Son importance s'y traduit d'abord, par la fréquence quasi-obsessionnelle de ses représentations (peintures, et gravures murales, bucrânes, piliers et banquettes ornées de cornes, figurines etc...). Par certains aspects il procède «filialement», comme tout le reste de la nature vivante, du pouvoir procréateur de la déesse: le peuple des taureaux, en bucrânes superposés sous les hauts-reliefs féminins, semble, avec quelques béliers plus rares, naître d'elle. Mais le taureau, est aussi représenté seul, silhouette monumentale dessinée ou gravée sur les murs ou bien figure dominante et surdimensionnée de scènes «tauromachiques» où les humains qui l'entourent semblent dessinés à une autre échelle que lui. Lui aussi paraît donc incarner une force universelle personnifiée et, avec un doublet humain de sexe mâle qui n'apparaît que dans les figurines et reste plus discret que son pendant féminin, peut être lui aussi considéré comme un dieu.

Plusieurs conclusions découlent de ce rapide tableau: la première est qu'en ce VI^e^ millénaire où plusieurs espèces animales sont pleinement domestiquées (le mouton et la chèvre le sont à Çatal Hüyük), seules des espèces *sauvages* continuent à apparaître dans l'art: le taureau ne fait pas exception. À Çatal, il fait tout au plus, selon les paléozoologues, l'objet, comme à Mureybet IV, d'un «protoélevage», qui est une forme de chasse élaborée impliquant une certaine familiarité avec le troupeau sauvage dans son ensemble mais pas encore le contrôle par l'homme des sujets individuels (Ducos et Helmer 1981). Donc, ce qui dans le nature fait l'objet d'un choix symbolique, c'est ce qui échappe encore au contrôle humain.

La seconde conclusion est qu'une bipartition symbolique paraît régir les conceptions du monde animal: on a vu que les fauves et, avec eux, tous les animaux «dévorants» (rapaces et mammifères carnivores) paraissent rangés du côté «féminin», les taureaux (et sans doute les autres herbivores: cerf, bélier) du côté «masculin». Cela nous éloignerait du type de classsification que Leroi-Gourhan discerne dans le Paléolithique supérieur d'Europe, où les bovidés, on le sait, seraient attribués à la moitié féminine de l'univers. En cela le Néolithique anatolien n'est pas si proche que le dit Mellaart de traditions paléolithiques de ce type. En revanche on peut y voir le fondement d'un système «oriental», dont le vocabulaire figuratif remonterait en Syrie à l'époque de Mureybet, où le phénicien Hadad, dieu de la guerre et de l'orage, aura le taureau pour attribut et maintes déesses un entourage de panthères et d'oiseaux.

Une troisième question est fondamentale pour peu que l'on considère l'art, comme nous le suggérions plus haut, comme une voie d'accès privilégiée à l'histoire

[5] Voir Neumann, 1955.

du psychisme humain. Si l'on veut cependant éviter une «histoire-fiction», il convient de s'en tenir à ce qu'expriment les représentations elles-mêmes. Or nous opposions l'expression relativement «plate» et sans hiérarchie interne de l'art paléolithique, et sans doute aussi natoufien, à l'univers symbolique infiniment mieux structuré du Néolithique anatolien, où une «distance» est instaurée entre les réalités figurées, par le double jeu des localisations et des dimensions respectives. C'est par là qu'à partir d'une grande variété d'animaux et d'humains représentés, on parvenait à l'idée de deux personnages en position dominante, la femme d'abord, puis le taureau, et par conséquent que se trouvait légitimé, pour la première fois, leur identification comme divinités.

Le monde mythique apparaît donc désormais comme hiérarchisé: on pourrait considérer qu'il en est ainsi parce que l'idéologie religieuse «reflète» en quelque sorte un système social concrètement vécu par la communauté humaine qui la conçoit. Dieu et déesse seraient les pôles suprêmes à partir desquels se recompose le classement des formes naturelles (classement qui, on l'a vu, leur préexistait), comme la société se structure autour du pouvoir sacerdotal et royal.

Cette conception selon laquelle les croyances reproduisent comme un miroir un certain état social et, par delà ce dernier, un stade économique, reste à l'arrière plan de beaucoup de théories des religions anciennes. Or l'on attribue parfois à Çatal Hüyük un certain nombre de traits économiques et sociaux qui sembleraient, à première vue, ne pas les contredire. Pour Mellaart, impressionné par la taille de l'agglomération (12,5 hectares) et la riche diversité de son artisanat, c'est la «première ville». Pour Renfrew (1977), qui applique à l'Anatolie néolithique et au commerce de l'obsidienne la «théorie des places centrales», Çatal Hüyük représenterait éminemment un phénomène en quelque sorte «protocapitaliste» de concentration en un point privilégié des richesses commercialisées (en l'occurence l'obsidienne), assurant une domination économique sur les villages secondaires moins bien pourvus. Ce processus est lui-même par principe inséparable, comme le souligne Renfrew, d'une spécialisation et d'une hiérarchisation verticale internes à la société, où une classe plus riche prélève pour elle-même un surplus de biens et le pouvoir qui l'accompagne.

L'avenement de ce processus est couramment attribué à ce qu'on appelle l'urbanisation, c'est-à-dire, au Proche-Orient, à la fin du IV^e millénaire où se constitue à Sumer un pouvoir centralisé: pouvoir de la ville sur des agglomérations satellites, hiérarchie interne d'une société stratifiée.

Qu'en est-il pour Çatal Hüyük ou Hacilar, plus vieux de deux millénaires? Nous sommes loin, sur ce point, de partager sans réserve les vues de Renfrew. La théorie des places centrales, élaborée en Grande Bretagne pour une occupation d'époque romaine, n'est, transposée dans l'Anatolie néolithique, qu'un «modèle» encore invérifié. Faute de fouilles, le statut exact des agglomérations secondaires n'a pu être reconnu, pas plus que leur éventuelle pauvreté relative[6]. À l'échelle

[6] Le colloque *«Préhistoire du Levant»* a montré que la diversité constatée dès la fin du

villageoise d'autre part, il existe un critère assez sûr pour identifier le degré de complexité de la structure sociale en cause: c'est le plan du village. Gordon Childe ne s'y trompait pas, qui inscrivait le «temple» et le «palais» comme les signes les plus évidents du stade urbain, c'est-à-dire des constructions prestigieuses concrétisant dans le tissu architectural la préeminence de certaines fonctions sociales. Or Mellaart insiste lui-même pour Çatal Hüyük sur le caractère uniforme et «stéréotypé» des plans de maisons. Comme l'a montré Aurenche (1981) le terme de «sanctuaires» ne doit pas induire en erreur: déesse et taureau font l'objet d'un culte *domestique*, autant de fois répété qu'il y a d'unités d'habitat. Aucun «bâtiment public» ne suggère des activités cultuelles communes où aurait pu officier un personnel spécialisé. Sans parler de pouvoir politique, il n'y a donc même pas, pour l'instant, le moindre indice d'émergence d'un pouvoir religieux.

Donc le principe de la hiérarchie, bien attesté dans le domaine des croyances, ne l'est pas du tout dans l'organisation sociale. L'analyse des représentations nous fait accéder à des structures de pensée et à rien d'autre. Le fait qu'on ait des difficultés à en déceler les applications dans la vie quotidienne et les rapports sociaux n'est pas inintéressant, bien au contraire. Il n'est pas impossible en effet que ce soit d'abord dans le domaine idéologique, à l'exclusion de tout autre, que se soit effectuée l'expérience d'un monde à plusieurs niveaux.

Le Néolithique saharien connaît vers la même époque des figurations analogues où des personnages «extraordinaires» à forme humaine ou animale («grand dieu» de l'étage à têtes rondes, «bélier à sphère» du sud oranais etc...) s'accompagnent d'humains plus petits, les bras levés en position d'«orants». Là aussi une brisure s'est donc creusée à l'intérieur du psychisme entre un «sommet» et une «base», un dieu et des fidèles, avec entre les deux, comme pour souligner la distance nouvelle, l'effort existentiel de la prière.

Or ce Néolithique saharien, en retard sur ce point par rapport au Proche-Orient, paraît ignorer encore la sédentarisation agricole et ses implications socio-économiques (Hugot 1980). Cela n'a pas empêché le même type d'évolution idéologique qu'au Proche-Orient d'y accompagner d'autres aspects de la néolithisation de caractère plus strictement technologique (pierre polie, céramique).

On discerne donc là une maturation commune dans l'ordre de la pensée que manifestent l'art et ses thèmes. Mais il nous semble qu'il convient, au moins à titre provisoire, de laisser de côté des hypothèses sociologiques que rien ne vient vérifier et qu'inspirent apparemment le modèle de sociétés plus tardives: malgré des ressemblances thématiques, à bon droit soulignées, dans les croyances religieuses, Çatal Hüyük n'est pas Cnossos.

* * *

VIIe millénaire, entre gros villages et stations périphériques plus restreintes de Syrie (sur l'Euphrate ou dans la région d'El Kowm) pourrait aussi bien être attribuée à une différenciation fonctionnelle des communautés, selon leur mode de vie, en agriculteurs secondaires et éleveurs nomades, sans impliquer subordination des uns par rapport aux autres.

Davantage donc que l'origine, au demeurant incontestable, de «panthéons» futurs, il convient donc de reconnaître dans le Proche-Orient néolithique le témoignage d'un tournant décisif dans l'évolution du psychisme humain: la place des animaux dans l'art sacré paraît jouer dans ce changement un rôle important.

D'un bestiaire symbolique mais sans grand relief propre au Paléolithique supérieur et sans doute aussi au Natoufien, on a constaté que deux phénomènes nous acheminaient par étapes vers une conception du sacré qui nous est plus familière: l'un est l'humanisation progressive de l'art au moment même où s'assure, par la production de subsistance, la maîtrise de l'homme sur une partie de son milieu naturel; l'autre est la naissance d'une hiérarchie explicite dans cet univers projectif: la «femme féconde», thème présent mais discret au Paléolithique, devient déesse, des animaux-attributs venant nous préciser ses pouvoirs, et l'on peut parler, auprès d'elle, d'un dieu-taureau.

La comparaison que nous avons esquissée avec le Néolithique saharien serait à approfondir et à étendre à d'autres régions du monde. Que signifie, à une phase déterminée de la préhistoire, mais dans des contextes culturels et économiques au demeurant dissemblables, cette promotion d'une figure humaine ou animale à un statut d'explicite dominance, celle d'un dieu? Cette distension du champ symbolique aurait-elle valeur d'une préfiguration encore subjective de la hiérarchie sociale, comme on croit le percevoir si l'on confronte sans préjugés toutes les données simultanées de l'archéologie préhistorique? Est-elle à son tour l'effet d'un remaniement des sociétés (par exemple de l'accroissement démographique des groupes humains, incontestable vers 6000 av. J.-C. aussi bien au Proche-Orient qu'au Sahara) et en quoi consiste cette relation? Ce sont là des questions auxquelles pourra seule répondre une recherche conduite dans un esprit unitaire, soucieuse de confronter dans le détail les résultats trop souvent disjoints des différents spécialistes.

## BIBLIOGRAPHIE


AURENCHE, O., 1981 *La Maison orientale. L'architecture du Proche-Orient des origines au milieu du IV^e millénaire*. Paris, Geuthner (Bibliothèque archéologique et historique).

BRAIDWOOD, R. J., CAMBEL, H. *et alii*, 1974 Beginnings of Village-Farming Communities in Southeastern Turkey, 1972. *Proceedings National Academy of Sciences of U.S.A.* 71, 2, 568-572.

CAUVIN, J., 1972 *Religions néolithiques de Syro-Palestine*. Paris, A. Maisonneuve. (Publ. du C.R.E.P. n° 1).

CAUVIN, J., 1978 *Les premiers villages de Syrie-Palestine du IX^e au VII^e millénaire avant J.-C.* Lyon, Maison de l'Orient. (Collection de la Maison de l'Orient Mediterranéen Ancien, n° 4).

CAUVIN, J. & AURENCHE, O., 1982 Le Néolithique de Cafer Hüyük (Malatya, Turquie) Fouilles 1978-1980. *Cahiers de l'Euphrate*, n° 3, 123-138.

DUCOS, P. & HELMER, D., 1981 Le point actuel sur l'apparition de la domestication dans le Levant, 523-528, *in*: *Colloque International C.N.R.S. n° 598: «Préhistoire du Levant», Lyon 10-14 Juin 1980*. Paris, éd. du C.N.R.S.

ELIADE, M., 1976 *Histoire des croyances et des idées religieuses* 1. Paris, Payot (Bibliothèque historique).

HUGOT, H.-J., 1980 La néolithisation en Afrique saharienne et subsaharienne. Supplément à l'*Encyclopaedia Universalis*, 1007 ss. Paris.

JENSSEN, A. E., 1954 *Mythes et culte chez les peuples primitifs*. Paris, Payot.

LEROI-GOURHAN, A., 1965 *Préhistoire de l'art occidental*. Paris, Mazenod.

MELLAART, J., 1967 *Çatal Hüyük. A Neolithic Town in Anatolia*. Londres, Thames and Hudson.

MELLAART, J., 1970 *Excavations at Hacilar*. Edinburg, University Press, 2 vol.

MELLAART, J., 1975 *The Neolithic of the Near East*. Londres, Thames and Hudson.

NEUMANN, E., 1955 *The Great Mother, an Analysis of the Archetype*. Londres, Routhledge et Kegan.

PALES, L. & TASSIN DE SAINT-PEREUSE, M., 1976 *Les gravures de La Marche* 2. *Les humains*. Paris, Orphrys.

RENFREW, C., 1977 Alternative Models for Exchange and Spatial Distribution *in* J.K. EARLE et J.C. ERICSON (eds.), *Exchange Systems in Prehistory*. New York, Academic Press.

# QUELQUES RÉFLEXIONS SUR LE BUCRÂNE

Louis Chaix

Ces quelques remarques sont celles d'un archéozoologue confronté à l'étude de restes osseux animaux mis au jour lors de fouilles archéologiques. À côté de nombreux vestiges attribuables aux activités culinaires de l'homme ou à sa technologie (outils et armes), il observe parfois des éléments de squelette dont la préparation particulière ou la position priviliégiée dans un contexte archéologique permettent d'éliminer l'utilisation alimentaire ou utilitaire.

Parmi ces vestiges, le bucrâne mérite une attention particulière. La définition classique de cet objet (Littré 1976) est celle d'un crâne de bœuf décharné que les architectes de la Grèce et de la Rome antiques plaçaient comme ornement dans les métopes d'un temple ou au coin d'un autel. Comme on le verra plus loin, cette définition peut être élargie et modifiée, mais la position du bucrâne sur un monument religieux est importante. Cet élément va également se retrouver associé à divers contextes funéraires, ainsi qu'à des dépôts de fondation. Il constitue en ce sens un terme de relation entre le monde animal et l'univers magique ou religieux.

Pour notre propos nous élargirons et préciserons la définition du bucrâne, considéré comme un objet archéologique.

Nous étendrons tout d'abord cette appelation aux crânes d'autres espèces que le bœuf, essentiellement à la sous-famille des caprinés (chèvres et moutons). On devrait logiquement alors parler de capricrânes ou d'ovicrânes. On peut encore intégrer dans cette définition d'autres éléments crâniens fréquemment associés à des contextes rituels, magiques ou religieux: ce sont les bois de cervidés.

Du point de vue anatomique, la définition des dictionnaires nous semble peu précise et mal correspondre à la morphologie des bucrânes mis au jour par l'archéologue.

Le plus souvent, le crâne décharné de l'animal a subi une préparation particulière qui n'en laisse subsister que la façade antérieure, c'est-à-dire l'os frontal et ses prolongements osseux, les cornillons. Toute la partie inférieure du crâne (maxillaire et occipital) a été enlevée. La pièce ainsi obtenue est dénuée de toute valeur alimentaire, la cervelle ayant pu être prélevée lors de la préparation. Ces «bucrânes» ainsi définis se trouvent dans divers contextes préhistoriques et historiques et cela dans des domaines géographiques divers.

Nous passerons en revue quelques cas intéressants, sans pour autant nous prononcer sur la signification mythique ou religieuse de ces derniers.

*Bucrânes et sanctuaires*

En Turquie, les sites préhistoriques de Çatal-Hüyük et Alaca-Hüyük, datés du Néolithique ancien (vers 6500 av. J.-C.), montrent des bâtiments de type rituel dans lesquels on peut observer de nombreux bucrânes de bovidés pris dans des banquettes d'argile ou éventuellement surmodelés et appliqués sur les parois. Ils sont du reste associés à des peintures murales où le taureau déifié figure à la place d'honneur (MELLAART 1967, 1975).

En Syrie, le site de Mureybet (vers 8200 av. J.-C.), a également livré des bucrânes d'aurochs (*Bos primigenius* Boj.) insérés dans les banquettes d'un édifice religieux (CAUVIN 1972a, 1972b).

Dans ces deux cas, l'association du bucrâne avec un édifice à caractère non utilitaire est net.

*Bucrânes et fondations*

Nous citerons ici deux cas où le bucrâne est associé à des structures d'habitat préhistorique.

Tout d'abord à Dachstein, en Alsace, un village attribuable à la civilisation danubienne, entre le V^e et le IV^e millénaire, montre un dépôt de bucrânes d'aurochs et de bœuf, dépôt qui fut fait sous les maisons, après l'extraction du matériau de construction, en l'occurrence du loess, et avant l'édification du village (SCHNEIDER 1980). Il nous semble intéressant de signaler ici que les populations danubiennes avaient une économie animale centrée sur l'élevage des bovidés.

Le second exemple provient d'un site du Néolithique moyen (vers 3000 av. J.-C.), situé dans la haute vallée du Rhône, en Suisse. Le village préhistorique du Petit-Chasseur à Sion recèle de nombreuses fosses creusées dans un limon loessoïde et dont certaines renfermaient plusieurs crânes de mouton préparés comme les bucrânes de bovidés. Là encore ces objets sont en liaison avec des fondations de maisons, elles-mêmes en relation avec un vaste ensemble mégalithique (SAUTER *et al.* 1971). D'autres «bucrânes» de moutons ont également été découverts sur le site proche de Saint-Léonard, daté de la même époque (SAUTER 1957). Dans ces cas encore, il est important de noter que l'élevage dominant de ces populations préhistoriques est centré sur le mouton (CHAIX 1977). Si l'on assimile les bois de cervidés à un «bucrâne», on peut citer encore un exemple plus ancien. Il s'agit de campements de chasseurs de rennes épipaléolithiques, vers 9000 av. J.-C., situés au nord de l'Allemagne où furent découverts des massacres de rennes fixés sur des pieux (RUST 1943).

À Malta, en Sibérie, des restes de tentes du Paléolithique supérieur montrent, à leur base, une couronne de bois de rennes. Faut-il voir là uniquement un élément architectural ou alors un objet lié à l'univers magique (ou religieux) de ces chasseurs? (GERASSIMOV 1958).

*Bucrânes et rituels funéraires*

Le bucrâne est souvent associé à des structures funéraires et semble jouer un rôle important dans les rites de passage de la vie à la mort. Au Proche-Orient, des sites natoufiens (vers 9500 av. J.-C.) du désert de Judée montrent des sépultures où sont associées une calotte crânienne humaine et des cornes de gazelle (CAUVIN 1972a). On notera que la gazelle est le gibier de prédilection de ces populations de chasseurs. À Munhata, un site néolithique précéramique de la vallée du Jourdain, un crâne humain est entouré d'un dépôt de cornes de chèvre (CAUVIN 1972a). En Afrique de l'Est, au Soudan, la civilisation de Kerma, qui s'est développée entre 3000 et 1000 av. J.-C., montre, à côté de bâtiments religieux importants (BONNET 1980), de vastes nécropoles où l'on peut étudier des rituels funéraires complexes (CHAIX 1980).

La présence de bucrânes de bovidés est attestée sur ce site dès les périodes anciennes. Les bucrânes sont situés au sud de la fosse de ces sépultures primitives. Ils sont en général peu nombreux. La découpe décrite plus haut se retrouve, mais on peut observer que les os nasaux sont systématiquement conservés. Par contre, autour des tombes plus tardives du Kerma moyen final, les bucrânes sont souvent très nombreux (plus de 800 pour une seule sépulture) et les nasaux sont toujours enlevés. Il existe donc même au niveau de la découpe une évolution dont la signification rituelle est actuellement impossible à déterminer. Dans les tombes importantes de cette période, on note un arrangement particulier de ces bucrânes, disposition rappelant le troupeau vivant: les grands mâles devant, suivis des vaches et des jeunes veaux, tous ces animaux regardant leur propriétaire défunt.

Ces bucrânes de bovidés sont les seuls éléments du squelette représentés dans la nécropole. Par contre, les autres ossements sont présents parmi les vestiges mis au jour dans la ville antique, où l'on note, par ailleurs, l'absence significative de restes crâniens de bœuf. On peut donc raisonnablement supposer que les crânes étaient réservés et mis à part pour les cérémonies funèbres.

Un problème important, non encore résolu, est celui de l'abattage de ces bovidés. Abattait-on 800 bœufs lors du décès ou réservait-on les bucrânes à chaque abattage en vue d'une cérémonie funèbre ultérieure?

Des parallèles ethnographiques peuvent nous apporter quelque lumière. Chez les Noubas du sud du Soudan (DAVIDSON 1967), éleveurs de bovidés, on pratique encore le sacrifice des bœufs: après un rituel complexe, les cornes remplies de cendres sont placées sur la sépulture afin de fournir au défunt les forces nécessaires à son voyage dans l'au-delà. Ce sacrifice peut aboutir à l'abattage de plus de 50 bêtes, ce qui, pour ces populations pauvres, représente un endettement considérable.

Les Toradja des îles Célèbes (Indonésie), pratiquent également des sacrifices rituels de buffles lors du décès d'un notable (BRISBOIS et DOUVIER 1980). Seuls les animaux possédant une tache frontale blanche sont sélectionnés. Dans certains cas où le défunt appartient à une classe élevée de la noblesse, on peut sacrifier jusqu'à 1000 buffles. Après le repas funèbre, les bucrânes sont placés sur la façade de la maison du défunt afin d'en orner le fronton.

En Europe, on retrouve ces coutumes à diverses périodes. Ainsi, dans une sépulture néolithique de Souabe, en Allemagne, les restes d'un homme de 25 ans étaient accompagnés de bucrânes et de cornillons appartenant à 5 béliers et 33 jeunes brebis (MAIER 1964).

D'autres sépultures de cette zone ont livré des cornes de bovidés mais également des bois de cerf et de chevreuil.

Il semble que l'on puisse étendre ici la notion de bucrâne aux appendices frontaux des cervidés qui reflètent également un concept magique.

En France, les sépultures mésolithiques de Téviec et Hoédic montrent des bois de cerf disposés autour du défunt (Rozoy 1978). Doit-on rappeler ici que le gibier favori à cette époque était le cerf élaphe!

Le bucrâne, ou du moins son symbole, se retrouve plus tard toujours associé à un contexte magique ou religieux. Nous n'en voulons pour exemples que les représentations gauloises du Jupiter Cernunnos ou les taureaux tricères du monde romain.

*Conclusions*

Au terme de cette revue extrémement sommaire des trouvailles de bucrânes ou d'éléments comparables dans des contextes non utilitaires, l'archéozoologue se doit d'exprimer quelques remarques:

— Le bucrâne (ou le bois) est l'élément le plus spectaculaire du squelette, par sa position antérieure, par sa forme puissante et agressive dans le cas des animaux à cornes, ou alors par la croissance mystérieuse et cyclique qui caractérise les bois des cervidés.

— La mise à part d'un tel objet, sans aucune valeur alimentaire, nous l'avons vu, n'entraîne pas forcément une privation de nourriture pour la population qui la pratique. On doit cependant remarquer qu'elle représente, pour certains groupes humains, un endettement considérable.

— L'archéozoologue observe, dans la plupart des cas, que c'est l'espèce dominante de l'économie animale (chasse ou élevage) qui est concernée. Le dépôt de bois et/ou de bucrânes peut dès lors être considéré comme un signe de rang social (chasseur renommé ou grand propriétaire de bétail).

Cette fascination pour le bucrâne, ou pour ses divers substituts se retrouve, plus ou moins transformée, chez nos contemporains. Peut-on évoquer son rôle magique lorsqu'il orne le fronton d'une maison nubienne ou la façade d'un chalet alpin, son symbolisme agressif lorsqu'on le retrouve stylisé dans les jouets d'enfants valdôtains, ou finalement sa valeur psychanalytique sur la toile d'un artiste contemporain?

La réponse à ces diverses questions échappe alors à l'archéozoologue, dont les hypothèses se basent prudemment et sciemment sur des faits matériels.

## BIBLIOGRAPHIE


Bonnet, Ch., 1980 Les fouilles archéologiques de Kerma (Soudan). *Genava* NS 28, 31-62.

Brisbois, E. & Douvier, F., 1980 *Les Toradja de Célèbes (Indonésie)*. L'Homme vivant. Paris, Hachette.

CAUVIN, J., 1972a *Religions néolithiques de Syro-Palestine*. Documents. Paris, Maisonneuve.

1972b Nouvelles fouilles à Tell-Mureybet (Syrie), 1971-1972. Rapport préliminaire. *Ann. Arch. arabes syriennes*, 105-115.

CHAIX, L., 1977 Les premiers élevages préhistoriques dans les Alpes occidentales. *Bull. Ét. Préhist. Alpines* 8-9, 67-76.

1980 Note préliminaire sur la faune de Kerma (Soudan). *Genava* NS 28, 63-64.

DAVIDSON, B., 1967 *Les royaumes africains*. Time-Life ed.

GERASSIMOV, M. M. 1958 Paleoliticeskaja stojanka Mal'ta. *Sovetskaja etnografija* 3.

LITTRÉ, E., 1976 *Dictionnaire de la langue française*. Paris.

MAIER, R. A., 1964 Ein Neolithgrab mit tierischen Hornzapfen-Beigaben. *Germania* 42. 244-250.

MELLAART, J., 1967 *Çatal-Hüyük, a Neolithic Town in Anatolia*. London, Thames and Hudson.

1975 *The Neolithic of the Near East*. London, Thames and Hudson.

ROZOY, J. G., 1978 Les derniers chasseurs. *Bull. Soc. arch. Champenoise*, numéro spécial (2 tomes).

RUST, A., 1943 *Die alt- und mittelsteinzeitlichen Funde von Stellmoor*. Neumünster, K. Wachholtz Verlag.

SAUTER, M.-R., 1957 La station néolithique et protohistorique de «Sur le Grand Pré» à Saint-Léonard (district Sierre, Valais). Note préliminaire. *Arch. suisses Anthrop. gén.* 22, 136-149.

SAUTER, M.-R., GALLAY, A. & CHAIX, L., 1971 Le Néolithique du niveau inférieur du Petit-Chasseur à Sion, Valais. *Ann. Soc. suisse Préhist. et Archéol.* 56, 17-76.

SCHNEIDER, M., 1980 Découvertes néolithiques à Dachstein 1978-1979. *Cahiers alsaciens d'archéologie* 23, 27-40.

# ANIMALS IN THE NEOLITHIC ART OF ÇATAL HÜYÜK AND HACILAR AND THEIR RELIGIOUS SIGNIFICANCE

James MELLAART

Çatal Hüyük in the 7th millennium B.C. and Hacilar in the early 6th millennium B.C. are two fully agricultural sites on the Anatolian plateau, that have yielded an extraordinary amount of evidence for Neolithic religion.

Similarities in economy and religion link these sites, although they are situated some 250 km apart, and are culturally different. Çatal Hüyük is the earlier site, Hacilar the later.

Both practiced irrigation agriculture; both kept some domestic animals: cattle, presumably sheep (as wool is commonly found), and dog at Çatal; probably all five Neolithic domesticates existed at Hacilar, though proof is lacking. Hunting is not much in evidence at Çatal, and probably very rare at Hacilar, judging by the animal bones found.

Yet animals occur in every aspect of their lives, not only the domesticable ones, but the wild also.

A twenty metre long wallpainting from a shrine in Çatal V shows some festivities, such as the capture or baiting of the following animals: Red Deer, Fallow Deer(?), wild boars, a bear, a large feline without spots (a lion?), accompanied by a huge bull, numerous wild asses or onagers and a pair of cranes.

At first sight these paintings look like a hunting scene; but closer observation shows that the men, though armed, are not about to shoot or kill any of these animals. None are brought to their knees or show signs of having collapsed (one boar excepted). These pictures look like attempts to capture live animals, perhaps for the purpose of taming and domestication.

This explanation however does not quite suffice: deer, onagers and lions cannot be domesticated and neither the lion, the bear, nor the crane figure on Çatal's menu, nor significantly perhaps, does the wild boar. One may also note the absence of sheep and goats on the wallpaintings.

Another explanation suggests sports with animals, like the later bull games in Crete, a test of ability for the young men of the community, during a religious festival. There is one piece of evidence that may point this way: an enigmatic scene at the entrance to the shrine, where a prostrate figure is met in consternation by a being with fuzzy hair. Three figures advance towards him, one shielding his face, or is this a sign of lamentation? What they have been doing is fairly obvious; they are clearly ithyphallic and they seem to come away from a little naked female figure. At the top of the picture lies what looks like a dead boar with rigid legs. One cannot help wondering whether this could not be an early version of the Adonis legend, in which the young god gets killed, while sporting with his mistress. The entire festive scene may be held in honour of his death, probably repeated annually.

I suspect that in many of these elaborate wallpaintings there is more than meets the eye, and it may well be that many of the scenes that puzzle us are excerpts from Neolithic mythology. One can think of others: such as the settlement with a volcanic eruption in the background; the scene of a man armed with a sling warding off two huge vultures from a prostrate human corpse; scenes of vultures with headless human figures or scenes of a similar nature, where the vultures have human legs instead of claws, i.e. characters dressed up as vultures, conveying a dead person to another world. The winged goddess of death is of course familiar in later Mesopotamia, the intriguing finds of wing bones (birds), including those of possible vultures from a building in the 9th millennium at Zawi Chemi in North Iraq may point to similar practises as shown at Çatal Hüyük, where we know from other evidence that the dead were excarnated before burial, most likely through exposure to vultures.

A group of statuettes found at Çatal show an old looking crone of a goddess, a bird of prey, her symbol(?) and a confident looking young god. The goddess has other attributes or avatars, chief of which is the leopard, in this case a pair; thus she shows herself in two aspects, as mother and as maiden, accompanied by a son. When portrayed in the large plaster reliefs at Çatal Hüyük she is shown, naked or dressed, with upturned arms and legs, in the position of childbirth. Cut in half vertically, two leopards or lions also appear, a fine piece of symbolism. In a larger statuette, where she gives birth to a child, she is again supported by two felines. At Hacilar, the same figure reoccurs, supported by one or two felines, and holding a young animal. In the Çatal reliefs, she is either pregnant or shown giving birth to a bull of ram's head, again evidently symbolic, or as in one case the double deity, mother and daughter is also portrayed, but only one half, the mother, bearing two bulls heads. Bulls heads dominate the Çatal culture, they are everywhere, and clearly they are the most obvious symbol of the goddess. As no male figures are ever shown on the reliefs, but only these bull's heads, I assumed that the latter represented the male, in a sexually more potent form than any human could hope to aspire to. Not only do we have numerous bull's heads on the reliefs, they are equally common, in the form of bucrania or ranged in rows, incorporating actual horn cores of wild bulls. This chauvinistic male theory has been exploded sky high by Mrs. Dorothy Cameron, who in a fascinating monograph (see bibliography) convincingly showed that the bull's head is not a male symbol at all, but a very good representation of that essential female organ, the uterus, and its fallopian tubes, which bear the most striking ressemblance to a horned bull's head. In other words, the Çatal shrines decorated with goddess figures and bulls' heads depict only female symbolism, male symbolism being confined to leopards and lions (active animals of a rather ferocious nature) to which we may perhaps add the wild boar, a symbol of evil in not a few near-eastern religions. The goddess at Çatal is the mother of mankind, of bulls (cattle, Çatal's main food supply) and rams (sheep, of secondary alimentary importance, but a source of clothing). In her aspect of mistress of all nature, her other symbols are felines (leopard and lion) as well as wild boar, all dangerous to man, and in her aspect, not of giver, but of taker, i.e. the death representation, she is associated with the vulture (a scavenger), the "cleaner" who carries man on to the otherworld and ensures his continued existence in another life. One wonders whether the presence of the pair of cranes in the death scene in the Level V shrine, may not already embody the idea of resurrection, still faintly remembered in the old idea of the baby-carrying stork? An egg, buried at the foot of the remains of another crane painting at Çatal in a shrine at Level III seems to have been a version (or repeat) of the one at Level V, and may not be irrelevant. Vultures as necessary agents to ensure the transition from death to life, cranes or storks to signify rebirth prepare one for some of the weird symbolic associations at Çatal: female breasts with wild boar jaws, fox and weasel skulls, or heads of griffin vultures—all scavengers and symbols of death—inside.

In the midst of death there is life. Other paintings are no less explicit; a life cycle of the bee: closed cells on the left, opening ones in the middle and actual flying insects on the right can only allude to the same principle of emerging life.

The new idea that a better knowledge of the anatomy of human beings as a result of excarnation may have contributed substantially to religious ideas, as in the case on interpretations of the uterus, is a fascinating one, perhaps not unconnected with a parallel development in ancient Egypt a few thousand years later. An early Çatal painting illustrates this very well: mother and child when inverted dissolves into rows of goats...

The evidence from Hacilar is of a somewhat different nature; gone are the wallpaintings and reliefs with their explicit scenes. Painted pottery now takes its place, and with it an abbreviation and condensation of symbolism in a new and restricted medium. At Hacilar there are essentially three phases: an early one with fine statuettes and animal heads on pottery (overlapping with the end of Çatal), then a major phase of painted pottery with weird phantastic motives which until recently defied interpretation, and finally a resurgence in Hacilar I of statuettes, elaborate pottery and animal figurines, coming from both tell and cemetery, the latter robbed by local peasants, after our excavations ended.

With the disappearance of wallpaintings, what survived was symbolism, side by side with statuettes in the Çatal tradition. In later layers the statuettes lost variety and become stereotyped, but at the same time the painted pottery was covered with weird patterns, side by side with geometric textile ones. When reduplicated from the stencil—like minimum design on the pot, they give one patterns filled with bulls' and rams' heads as well as godesses' figures, presumably once made in felt and wool. The idea only came to me last year—hence the lack of slides..., but I can show you a set of drawings, with colouring entirely imaginary, yet possible within their resources. The link with Çatal Hüyük is phenomenal.

Finally in Hacilar I, greater proficiency in ceramics led to a increased manufacture of anthropomorphic vases and larger statuettes. Many of the earlier designs of godesses with attendent animals are now rendered into impressive compositions, yet admittedly the same, in which the pot portrays the goddess, the handles or appurtenances the attendant animals: birds, snakes, mammals of indeterminate nature (donkeys, felines). Side by side with this development there are theriomorphic vases, and not a few animal statuettes. These, rare before, now come into their own, showing both real and imaginary creatures and animals, exotic enough to be modelled from hearsay such as camels and elephants. The arrival of barbarians at the end of Hacilar I, ca 5500 B.C., put an end to this promising development of Neolithic / Early Chalcolithic art, not to resurface untill the EB3 period, some three thousand years later, in the art of the Alaca Hüyük tombs, and then considerably modified.

## BIBLIOGRAPHY

BURKETT, M. E., An Early Date for the Origins of Felt. *Anatolian Studies* (1977) 111, pls. XIXb, XX.

CAMERON, D. O., *Symbols of Birth and Death in the Neolithic Era*. London, 1981.

MELLAART, J., *Çatal Hüyük, a Neolithic Town in Anatolia*. London, 1967.

MELLAART, J., *Excavations at Hacilar*. Edinburgh, University Press, 1970.

MELLAART, J., *Neolithic in the Near East*. London, 1975.

MELLAART, J., Alter als Babylon. Die Geschichte von Çatal Hüyük. *Mannheimer Forum* 72, 117-166.

MELLAART, J., Excavations at Çatal Hüyük, 1961. *Anatolian Studies* (1962).

MELLAART, J., Excavations at Çatal Hüyük, 1962. *Anatolian Studies* (1963).

MELLAART, J., Excavations at Çatal Hüyük, 1963. *Anatolian Studies* (1964).

MELLAART, J., Excavations at Çatal Hüyük, 1965. *Anatolian Studies* (1966).

*Fig. 1.*

*Fig. 2.*

*Fig. 3.*

*Fig. 1-3*: Scenes from Shrine E.V. 1 at Çatal Hüyük.

*Fig. 4.*

*Fig. 5.*

*Fig. 4-5*: Scenes from Shrine E.V. 1 at Çatal Hüyük.

*Fig. 6*: Scene from Shrine E.V. 1 at Çatal Hüyük.

*Fig. 7.*

*Fig. 8.*

*Fig. 7-8*: Reliefs of a pair of leopards: Level VI above, Level VII below.

# ANIMALITÉ DE L'HOMME ET HUMANITÉ DE L'ANIMAL DANS LA PENSÉE ISRAÉLITE. COMMENT L'HOMME SE DÉFINIT-IL PAR RAPPORT À L'ANIMAL?

Albert DE PURY

L'essai que voici — issu d'un survol rapide de quelques textes bibliques — porte un titre peut-être abusif, dans la mesure du moins où il laisserait entendre que les Israélites de l'époque biblique se sont préoccupés explicitement de la définition de la condition humaine par opposition à la condition animale. Tel n'est évidemment pas le cas. Tout ce que l'Ancien Testament dit du rapport entre hommes et animaux, il l'exprime — le plus souvent de manière indirecte — par le biais de récits, de métaphores poétiques ou de sentences sapientiales. Ce n'est que tout à la fin de la tradition vétérotestamentaire, sous l'influence de l'hellénisme, qu'un auteur comme l'Ecclésiaste se hasardera à formuler des considérations un peu plus systématiques, comme en témoigne le passage suivant:

> «Je me dis en moi-même, en ce qui concerne les enfants des hommes: c'est pour que Dieu les éprouve et leur montre qu'ils sont des bêtes. Car le sort de l'homme et le sort de la bête sont un sort identique: comme meurt l'un, ainsi meurt l'autre, et c'est un même souffle qu'ils ont tous les deux. La supériorité de l'homme sur la bête est nulle, car tout est vanité.
> Tout s'en va vers un même lieu:
> tout vient de la poussière, tout s'en retourne à la poussière.
> Qui sait si le souffle de l'homme monte vers le haut alors que le souffle de la bête descendrait en bas, vers la terre?
> Je vois qu'il n'y a de bonheur pour l'homme qu'à se réjouir de ses œuvres, car c'est là sa part. Qui donc l'emmènera voir ce qui sera après lui?» (*Qo* 3,18-22).

En fait, l'Ecclésiaste aura dressé ainsi le bilan de tout ce que la Bible hébraïque a à nous apprendre sur la solidarité entre humains et animaux, bilan évidemment très pessimiste comme il sied au tempérament de l'Ecclésiaste, mais bilan qui s'inscrira néanmoins, et à sa manière, dans la cohérence de la sensibilité biblique à l'égard de la condition créationnelle de tous les êtres vivants.

À parcourir les livres narratifs, prophétiques, poétiques et sapientiaux, on s'aperçoit en effet que, bien avant l'Ecclésiaste, la rencontre étonnante, mystérieuse, fascinée, entre l'homme et l'animal affleure dans les pages de la Bible hébraïque et se présente comme une des composantes majeures de la toile de fond devant laquelle va se dérouler l'aventure de l'homme et de Dieu dans la perspective israélite.

La richesse des textes est même si grande qu'il ne peut être question de les aborder tous dans un bref exposé. Nous nous pencherons donc plus particulièrement sur les deux récits de la création, Genèse 2-3 et Genèse 1, car ce sont là peut-être les textes les plus programmatiques et les plus féconds que l'ancien Israël nous ait légués à ce sujet.

Mais avant d'aborder ces textes, il faut, me semble-t-il, que nous prenions conscience de notre propre situation, car notre propre relation avec le monde animal est très différente de celle que nous allons retrouver dans les écrits bibliques. Pour nous, hommes occidentaux de l'ère moderne, et surtout pour ceux d'entre nous qui vivons en contexte urbain, le monde des animaux s'est à tel point éloigné de nos préoccupations quotidiennes, que nous pourrions fort bien passer toute une vie sans être confronté directement à un animal et sans être contraints de réfléchir au voisinage entre vie humaine et vie animale.

D'une part, il est évident que dans notre expérience quotidienne, l'animal n'est plus un concurrent sérieux pour l'homme. L'animal n'est plus en mesure de contester où que ce soit la suprématie de l'homme et son contrôle du territoire. Si le monde animal peut encore nous apparaître comme une menace, c'est tout au plus dans la mesure où il se présente sous forme de plaies, plaies d'insectes et de microbes surtout, plaies inquiétantes par le fait que les antidotes connus sont souvent aussi dangereux que le mal à combattre. Ces plaies étaient connues également dans l'Antiquité, bien évidemment (cf. les plaies d'Égypte), mais ce n'est pas sous cette forme qu'était vécue ou ressentie, d'abord, la confrontation avec le monde animal. La menace que pouvait faire peser l'animal sur l'homme était perçue d'abord comme la rencontre toujours possible d'une bête sauvage (*Gn* 37,31 ss.; 1 *R* 13,24; *Am* 5,19), rencontre redoutée face à laquelle l'homme était en général sans défense. Ce type-là de rencontre, opposant l'homme à l'animal individuel, a disparu de notre horizon aujourd'hui.

Pour la plupart de nos contemporains, la relation avec le monde animal ne se module plus que sur trois plans, et tous trois me paraissent témoigner de la dégénérescence des relations entre humains et animaux:

1. Les animaux sont vus d'abord comme un bien matériel qui serait à la simple disposition de l'homme, de la même manière que le sont les produits du monde végétal ou minéral.

2. Les animaux sont vus comme des objets à caresser, en quelque sorte comme des supports de tendresse. Ils deviennent ce que les Anglosaxons appellent des «pets», c'est-à-dire de petits êtres ronronnants dont la raison d'être est censée s'épuiser dans les caresses qu'ils reçoivent de leurs propriétaires humains.

3. Les animaux sont vus comme une manifestation de l'exotisme. On ne cessera de s'émerveiller devant leurs atours extérieurs ou leur mode de vie étrange, et on cultivera avec assiduité les petits frissons que pourra encore nous procurer la rencontre, désormais purement cérébrale, avec l'animal exotique en question.

Il me semble donc que notre attitude courante à l'égard des animaux est caractérisée par trois tendances, ou par trois dangers: la chosification de l'animal, l'infantilisation de l'animal, et la réduction de l'animal à l'exotique, au bizarre ou au monstrueux.

Je ne prétends pas, bien sûr, que ces trois attitudes seraient absentes des textes bibliques. Il suffirait de citer les très nombreux textes qui parlent de troupeaux, de leur accroissement et de la richesse que représente un beau troupeau de grand ou de petit bétail pour l'homme pour se rendre compte que les Israélites anciens étaient bien conscients, eux aussi, de l'apport économique du monde animal. Pour ce qui est du recours aux animaux pour illustrer les aspects merveilleux ou monstrueux de la création, les exemples ne manquent pas, notamment dans les textes apocalyptiques et dans le bestiaire extraordinaire de *Jb* 39-41. Les exemples d'animaux comme objets de tendresse sont plus rares, mais la parabole de Nathan en 2 *S* 12,1-4 montre que cette perspective, elle non plus, n'était pas totalement impensable dans l'Israël ancien. Mais comme nous le verrons, ces trois attitudes ne reflètent que des aspects marginaux de la manière dont les auteurs bibliques ont pensé et représenté la rencontre entre l'homme et l'animal.

Je pense d'ailleurs que même dans notre monde occidental contemporain, les trois tendances signalées n'épuisent pas le fond de la question. Il apparaît en effet que bon nombre de nos contemporains sont habités par l'aspiration à une rencontre différente avec le monde animal et qu'ils gardent la nostalgie d'une communion plus profonde avec les animaux. Cela se constate sur des plans très variés. Il y a d'abord — à un niveau probablement assez archaïque de notre sensibilité — la fascination de l'affrontement avec l'animal sauvage, voire avec le monstre, fascination qu'exploitent avec succès des films comme *King Kong*, la *Planète des Singes*, les *Dents de la Mer*, *Grizzly*, *Alligator* et autres films de science-fiction. Les meilleurs de ces films s'efforcent d'ailleurs de pénétrer au-delà du simple frisson et de poser la question d'une communication possible avec l'élément animal ou monstrueux à l'extérieur et à l'intérieur de nous-mêmes. Il y a ensuite une abondance de films documentaires et de séries télévisées de haut niveau consacrés à l'exploration de la vie animale dans son inépuisable variété. Il y a enfin les découvertes et la vulgarisation de l'éthologie animale, l'étude du comportement et de la psychologie des animaux, domaine qui intéresse un public toujours plus vaste. Il est clair que ces différentes manifestations d'une curiosité renouvelée pour le monde animal expriment autre chose que la simple nostalgie d'un monde révolu: elles s'inscrivent bien plutôt dans l'interrogation éternelle que l'homme porte en lui sur sa propre nature et sa propre destinée. Comme l'ont montré les travaux, très populaires, d'un Konrad Lorenz ou d'un Richard Dawkins, l'animal présente à l'homme un miroir, un miroir qui lui permet de découvrir en lui-même nombre de traits fondamentaux dont il n'aurait, autrement, guère été en mesure de prendre conscience.

Si, dans la seconde moitié du 19e siècle, Darwin démontrait que le genre humain descendait d'espèces animales et qu'il appartenait donc très directement au monde animal, les travaux d'éthologie animale nous ont fait découvrir, au cours des dernières décennies, à quel point nos comportements, nos émotions, notre morale même, étaient enracinés dans notre système biologique, donc dans notre ascendance animale. C'est dire que cette nouvelle rencontre entre l'homme moderne et le monde animal a amené l'homme à découvrir sa propre animalité et à devoir assumer les conséquences de cette découverte, notamment pour l'idée qu'ils se fait de lui-même.

Le choc de cette découverte fut rude. On raconte que lorsque, dans les années 1860, la femme de l'archevêque de Cantorbéry fut informée de la théorie, nouvellement découverte, selon laquelle l'homme descendait du singe, elle adressa à Dieu la prière suivante: «Seigneur, faites que cela ne soit pas vrai!... et si, par malheur, c'était vrai, faites au moins que cela ne se sache pas!». Dignité humaine offensée ou découverte angoissante de sa propre animalité? Toujours est-il que la confrontation entre l'espèce humaine et les espèces animales oblige l'homme à se poser à son propre sujet les questions ultimes.

En fait, s'il y a eu conflit entre la théorie de l'évolution découverte par Darwin et la perspective biblique, c'est que l'Ancien Testament conçoit l'origine du monde et de l'homme comme le résultat d'un acte créateur de Dieu. Cela signifie que le modèle conceptuel utilisé — et cela vaut, à y regarder de plus près, pour les *deux* récits de création — est celui de l'artisan qui fabrique un objet. L'univers est construit comme le serait un édifice, l'homme est modelé, façonné comme le serait une figurine.

Mais à côté de cette conception créationnelle de l'origine des choses, il existe, dans l'ancien Orient et au sein même de l'Ancien Testament (cf. p.ex. *Ps* 139,15; *Jb* 1,21), une autre conception qui est précisément celle de l'évolution. Cette conception intervient notamment là où l'origine du monde est représentée comme une cosmogonie. Mais on la trouve également à propos de l'origine de l'homme: l'homme enfanté par la Terre-Mère, par exemple. Dans certains mythes mésopotamiens on trouve même la notion selon laquelle l'homme appartenait primitivement au monde animal et qu'il s'en était séparé à la faveur d'une lente évolution ou d'un incident particulier.

Je citerai, à titre d'exemple, ce fragment d'une tradition sumérienne:

«Les hommes, quand ils furent créés,
aliments et boissons fermentées ne connaissaient pas;
vêtements pour s'habiller ne connaissaient pas;
les gens sur leurs quatre membres marchaient;
comme des moutons, avec leur bouche, l'herbe ils mangeaient,
l'eau des ruisseaux ils buvaient.»

Plus remarquable encore est le récit de la création d'Enkidu, type de l'homme primordial, dans l'épopée de *Gilgamesh*:

«Quand Anou eut entendu leurs plaintes répétées,
on appela Arourou, la grande (déesse);
'C'est toi, Arourou, qui a créé [Gilgamesh],
crée maintenant, de lui, une réplique,
qui lui soit pour la fougue du cœur comparable;
qu'ils rivalisent l'un l'autre, et qu'Ourouk soit en paix!'
Arourou, quand elle eut entendu ces paroles,
conçut en elle-même la réplique (demandée) par Anou.

Arourou lava ses mains,
découpa un pâton d'argile, cracha dessus,
(et) créa, dans le désert, Enkidou le héros,
créature du silence nocturne, bloc de Ninourta.
Velu de poils sur tout le corps,
il est, de chevelure, fait comme une femme,
drues comme les blés poussent les touffes de ses cheveux,
il ne connaît ni les humains, ni pays civilisé,
comme vêture, il est vêtu tel le dieu Shakkan (dieu des troupeaux et des [bêtes sauvages)
Avec les gazelles, il broute de l'herbe,
avec les hardes il se gorge aux points d'eau,
avec les bêtes sauvages, il se complaît à l'eau.» (I/II,29-41).

Dans ce passage, nous voyons donc un homme, créé à partir de la glaise, à l'image d'un dieu, mais vivant d'abord comme un animal parmi les animaux. Ce n'est qu'à la suite d'un incident très particulier qu'Enkidu deviendra un être humain au sens plein du terme. Un chasseur lui fera rencontrer une courtisane.

«Le chasseur s'en alla. Emmenant avec lui la courtisane fille-de-joie,
ils prirent la route, suivirent le chemin,
(et) le troisième jour, arrivèrent à l'endroit fixé.
Le chasseur et la courtisane s'y installèrent à demeure.
Un jour, deux jours, ils restèrent au bord du point d'eau.
Arriva la harde; au point d'eau elle se met à boire;
arrivèrent les bêtes: elles se délectèrent à l'eau.
Et lui aussi, Enkidou, qui était né dans la steppe,
avec les gazelles, il mangeait de l'herbe,
avec la harde, il s'abreuvait aux points d'eau,
avec les animaux il se délectait de cette eau.
La fille-de-joie le vit, cet homme primitif,
jeune mâle sanguinaire, du milieu du désert.
'C'est lui, fille-de-joie! Dévoile ton sein,
ouvre tes cuisses, qu'il prenne de toi tout son plaisir.
Ne t'échappe pas, prends-lui son souffle.
Dès qu'il te verra, de toi il s'approchera,
rejette tes vêtements et qu'il se couche sur toi!
Fais-lui, à cet homme primitif, l'initiation de la femme.
Ses élans amoureux te couvriront de caresses
(et) étrangère lui deviendra sa harde qui a grandi sous sa tutelle!'
La fille-de-joie laissa tomber son cache-seins,
elle ouvrit ses cuisses pour qu'il prît d'elle tout son plaisir;
elle ne s'échappa pas, elle lui prit son souffle;
elle rejeta ses vêtements et il se coucha sur elle;

elle fit à ce primitif l'initiation de la femme,
(et) ses élans amoureux la couvrirent de caresses.
Six jours et sept nuits, Enkidou en rut posséda la fille-de-joie.
Lorsqu'il fut rassasié du plaisir qu'elle (lui donnait),
il voulut retourner vers sa harde.
Mais, en voyant Enkidou, les gazelles détalent
et les bêtes sauvages s'éloignent de lui!
Enkidou s'élança... Son corps était sans forces;
immobiles restèrent ses genoux, alors que s'en allait sa harde;
diminué était Enkidou, sa course n'était plus comme avant.
Mais lui-même s'était épanoui, plus vaste d'intelligence!
Il retourna s'asseoir aux pieds de la courtisane
et de la courtisane il se met à contempler le visage,
et, ce que disait la courtisane, voici que l'entendent ses oreilles.
[La courtisane] lui disait, à Enkidou:
'Tu es [beau], Enkidou, tu es comme un dieu!
Pourquoi, avec les bêtes, cours-tu par le désert?
Viens, je vais te conduire dans Ourouk-l'Enclos, ...»

(I/III,46-51; IV,1-36)

Nous nous apercevons donc que la notion selon laquelle l'homme est issu du monde animal n'est nullement inconnue de l'Orient ancien. Enkidu est un homme qui a certes été créé, modelé, façonné, il a beau avoir l'apparence d'un homme, mais il n'est pas encore un être humain «comme vous et moi». Il lui manque quelque chose. Et ce quelque chose — lié à ce que l'expérience humaine a de plus profond, lié à l'idée que l'homme se fait de lui-même — correspond à ce que l'on pourrait appeler la *perte de l'innocence*, ou, pour parler en termes théologiques traditionnels, à la chute. Enkidu reste un animal tant qu'il n'a pas rencontré la prostituée. Et c'est cette rencontre, cette perte de l'innocence, qui fait de lui un homme et qui le sépare — contre son gré — du monde animal.

Nous devinons d'ores et déjà à quel point ce mythe est proche du récit de *Gn* 2-3, et cela bien que ce récit ait recours à un concept créationnel plutôt qu'évolutif. Dans le récit biblique aussi, nous avons deux temps. Premier temps: un homme nu, encore innocent, encore proche des animaux, et deuxième temps: un homme devenu «humain», c'est-à-dire vêtu, frustré, souffrant, séparé du monde animal.

En fait, si les narrateurs bibliques recourent presque exclusivement au concept de l'origine créationnelle, c'est afin de bien marquer que l'existence du monde et tout ce qu'il contient — et par conséquent l'existence de l'homme — n'est imputable qu'à un acte librement voulu et librement accompli par le Créateur et qu'elle n'est en aucun cas la retombée plus ou moins accidentelle d'une histoire ou d'un conflit qui se serait déroulé dans un espace mythologique, c'est-à-dire dans un espace antérieur ou extérieur à celui de la création. Le recours au mode créationnel n'implique nullement en lui-même une volonté de séparer l'origine de l'homme de celle du monde animal.

Mais venons-en maintenant aux récits de création eux-mêmes. Et là, il s'avère indispensable d'élargir un peu le débat, au risque de donner l'impression de s'éloigner quelque peu de notre sujet. Ce ne sera que pour mieux y revenir.

Le livre de la Genèse, c'est bien connu, nous offre deux récits de la création, fort différents l'un de l'autre. Le premier récit, *Gn* 1,1-2,4a, est un récit de type énumératif qui relate la création du cosmos. Ce récit, de nature non-dramatique mais plutôt hymnique, solennel, monotone, célèbre la création de l'univers qui se déroule devant nous comme l'édification d'une cathédrale. L'être humain (homme et femme), créé «à l'image de Dieu» y est présenté comme la dernière œuvre et comme le couronnement de la Création. Le second récit, *Gn* 2,4b-3,24, en revanche, est un récit dramatique — et même hautement dramatique — conçu en deux actes (désignés traditionnellement comme la «création» et la «chute»), un récit qui n'a pas l'ambition de relater la création de l'univers mais qui se contente d'envisager l'apparition de l'homme et de son entourage immédiat et qui a pour but de rendre compte de la «condition humaine».

Ces deux récits, qui obéissent à une logique interne différente, ont appartenu, avant de se retrouver dans leur position actuelle, à des contextes différents. *Gn* 1 est le prologue d'un ensemble littéraire rédigé au 6e ou au 5e s. av. J.-C. et désigné par les exégètes sous le nom d'histoire sacertodale (source P). Cette œuvre, dont la préoccupation principale est l'histoire des institutions (sabbat, alliance noachique, alliance abrahamique, circoncision, Tabernacle, loi rituelle) retraçait l'histoire d'Israël depuis la création du monde jusqu'à la révélation de la Loi à Moïse au Sinaï. *Gn* 2-3, en revanche, est le premier épisode de «l'histoire des origines» (ou «histoire de l'humanité»: Adam et Eve, Caïn et Abel, Déluge, Tour de Babel, etc.), une histoire qui servait elle-même de prologue à la grande œuvre littéraire du «Yahviste» (source J), une œuvre qui a été composée entre le 10e et le 8e siècle avant J.-C.

Prenons d'abord l'histoire des origines du narrateur yahviste. L'ensemble des épisodes dont elle se compose poursuit un but étiologique, c'est-à-dire qu'ils cherchent non pas simplement à relater des événements s'étant produits dans un passé lointain, en quelque sorte par curiosité intellectuelle, mais ils sont motivés par des questions existentielles issues du présent. Ils s'attachent à expliquer, presque à fonder, à justifier, «la condition humaine» telle qu'elle est vécue par le narrateur et ses auditeurs. Ces récits, d'apparence naïfs mais en réalité ciselés avec grand art et empreints d'une profondeur insoupçonnée, cherchent à répondre aux grandes questions de l'existence humaine. La question de base, la voici: pourquoi l'humanité est-elle mauvaise, frustrée, insatisfaite de son sort? Et cette question se décompose en une quantité de questions particulières. Par exemple:

— Pourquoi les hommes sont-ils dispersés sur toute la terre et parlent-ils des langues imperméables les unes aux autres? Pourquoi ne s'entendent-ils pas et se font-ils la guerre? Ce sont là les questions posées par le récit de la tour de Babel.

Pourquoi les hommes ont-ils des activités professionnelles et des conditions de vie si différentes (éleveurs de bétail, nomades, agriculteurs, sédentaires, citadins, vagabonds, artisans, etc.)? Pourquoi vivent-ils dans des conditions matérielles différentes, les uns dans l'abondance, les autres dans la misère? Pourquoi deux frères peuvent-ils se jalouser au point d'en arriver au meurtre? Ce sont là les questions qui préoccupent le narrateur dans le récit de Caïn et Abel.

Or, si nous cherchons à savoir quelles sont les questions auxquelles tente de répondre le récit du jardin d'Eden en *Gn* 2-3, il suffit de lire les malédictions sur lesquelles débouche le récit en 3,14-19. Les questions auxquelles répond notre récit sont les suivantes:

— Pourquoi y a-t-il hostilité entre le monde animal et les hommes? (v. 15)

— Pourquoi la femme est-elle frustrée dans les deux dimensions essentielles de sa vie affective: sa relation avec l'enfant et sa relation avec son mari? Pourquoi enfante-t-elle dans la douleur? Pourquoi se laisse-t-elle dominer par l'homme? (v. 16)

— Pourquoi le sol est-il si avare de ses dons? Pourquoi l'homme doit-il lui arracher sa nourriture à la sueur de son front? Pourquoi le travail est-il pénible et frustrant? (vv. 17-19)

— Enfin, pourquoi l'homme doit-il vivre loin de Dieu, exclu à jamais du jardin d'Eden? (vv. 23-24)

Ce sont là les *vraies* questions, les questions existentielles, auxquelles entend répondre notre récit. Ce sont là d'ailleurs les questions auxquelles prétendent répondre *tous* les récits d'origine, de tous les temps et de toutes les latitudes. Mais la substance de la réponse n'est pas toujours la même. Si nous prenons les récits d'origine de Mésopotamie, on est frappé par leur perspective très pessimiste, voire tragique. Dans l'épisode d'Enkidu cité plus haut, ce sont les dieux, pervers, qui envoient à l'homme la prostituée et lui font perdre son innocence (ce sera d'ailleurs là la réponse immédiate d'Adam en 3,12: «C'est la femme que *toi*, Dieu, as mise auprès de moi qui m'a donné le fruit de l'arbre!»). Dans le mythe d'*Athrahasis*, ce sont les grands dieux qui, pour décharger les petits dieux de leur pénible besogne, décident de créer le genre humain. L'humanité asservie, l'humanité souffrante n'est donc en définitive que la victime de l'indifférence, voire de la méchanceté d'une assemblée de dieux pervers.

Quelle est alors la réponse proposée par le récit de *Gn* 2-3? Ce qui est significatif dans le récit du Yahviste, ce en quoi ce récit se distingue des mythes mésopotamiens, ce n'est pas le fait que notre récit débouche sur le constat d'une condition humaine perturbée, mais c'est le fait, très remarquable, que notre narrateur fasse précéder le récit de la perturbation d'un récit de création dans lequel la condition humaine est présentée de manière éminemment positive. En d'autres termes, ce qui est remarquable dans le récit yahviste, c'est non pas tant la présence de Genèse 3, mais celle de Genèse 2. Et la réponse de Genèse 2 se résume à ceci: Dieu a créé l'homme non pour l'asservir, mais il a créé l'homme pour l'homme, et il l'a placé dans un monde en tous points positif et même merveilleux. Le responsable de la perturbation doit donc être cherché ailleurs qu'en Dieu.

Une analyse plus poussée de Genèse 2-3 confirme cette impression. Le récit est structuré comme un diptyque, dont les deux volets ne peuvent être compris l'un sans l'autre, le tout formant un drame dont la courbe de tension narrative est très proche de celle du conte merveilleux. Le premier acte (2,4b-25) sert d'exposition et de mise en place des acteurs du drame qui va se dérouler dans le deuxième acte. le but de cette exposition est de montrer que Dieu ne s'est pas contenté de créer l'homme mais qu'il s'est soucié de le placer dans un réseau de relations qui, elles, vont donner sens, goût et intérêt à la vie de l'homme. L'existence humaine ne prend son sens que si elle est relationnelle, c'est-à-dire si elle s'inscrit dans une communauté. Et le récit va montrer comment Dieu va constituer progressivement, autour de l'homme, cette communauté.

La structure même de Genèse 2 fait apparaître que pour le narrateur yahviste, il existe quatre relations fondamentales, qui toutes sont constitutives de l'existence humaine, de cette existence *bonne* voulue et créée par Dieu. *Quelles sont ces relations*?

> «Yahvé Dieu planta un jardin en Eden, à l'Orient, et il y plaça l'homme qu'il avait formé. Yahvé Dieu fit germer du sol tout arbre d'aspect attrayant et bon à manger. (...) Yahvé Dieu prit l'homme et l'établit dans le jardin pour cultiver le sol et le garder». Et il lui dit: «Tu pourras manger de tout arbre, ... etc.» (2,8-9,15)

La première relation nécessaire au bonheur de l'homme, nous le voyons, est *la relation avec la terre*. Cette relation apparaît déjà, au verset précédent, dans le fait même que l'homme a été modelé avec de la poussière prise du sol. En effet, il suffit de constater que l'homme, une fois mort, redevient poussière pour savoir que c'est là la matière première dont il est fait. L'homme est tiré de la terre; il est «terre», séparé provisoirement de la terre, et il est normal qu'il retourne à la terre au terme de sa vie. Mais pendant la durée de sa vie, l'homme ne peut pas se passer de la relation avec la «*adamah*», la terre fertile: la terre lui fournit des fruits délicieux, beaux à voir et agréables à manger. La terre lui fournit aussi un travail qui l'occupe et le stimule, un travail qui, loin d'être encore une corvée, lui permet à son tour d'être créateur. La terre et le travail, première relation fondamentale offerte par Dieu à l'homme, sont donc le premier bienfait de la vie.

Cette première relation, cependant, aux yeux de Dieu, ne suffit pas à l'épanouissement de l'homme:

> «Il n'est pas bon que l'homme soit seul. Je veux lui faire une aide qui lui soit assortie». Yahvé Dieu modela du sol toute bête des champs et tout oiseau du ciel qu'il amena à l'homme pour voir comment il les appellerait. (...) L'homme appela de leur nom tout bétail, tout oiseau du ciel et toute bête des champs.»

«Il n'est pas bon que l'homme soit seul», voilà en fait le leitmotiv de Genèse 2. L'homme a besoin d'autres êtres vivants que lui-même pour que sa vie soit réellement humaine. L'homme a besoin d'une communauté. Ce n'est pas l'homme qui constaterait un manque: c'est Dieu qui poursuit son œuvre créatrice.

Or, il est très remarquable, et cela nous ramène à notre sujet, que cette communauté comprend d'abord les animaux. Il est vrai que dans le contexte de notre récit, la création des animaux ne répond pas entièrement à l'attente de Dieu et de l'homme. Sur le plan narratif, elle sert avant tout à mettre en valeur la troisième relation, plus importante encore, la relation amoureuse entre l'homme et la femme. Et certains exégètes se sont plus à reconnaître dans ce passage le motif de la création «ratée». Nous avons vu en effet que le recours au concept créationnel plutôt qu'évolutif offrait l'avantage aux narrateurs israélites de pouvoir souligner le caractère volontaire et contrôlé de l'acte créateur: l'artisan peut contrôler la qualité des objets qu'il fabrique, alors qu'un père n'est jamais maître de la nature et de la destinée des enfants qu'il engendre. Mais le mode créationnel implique alors aussi la possibilité d'une création «ratée», ou d'une création par coups d'essai. Comme le potier de Jérémie 18 dont il est dit que chaque fois que, par un geste malheureux, il ratait l'objet qu'il confectionnait avec de l'argile, il en refaisait un autre selon la technique des potiers, ainsi le Dieu biblique, lorsqu'il rate sa création, peut l'anéantir par un déluge, et la remplacer par une création nouvelle, et lorsque la communauté animale qu'il crée pour l'homme ne répond pas à toute son attente, il peut la compléter par un autre type de communauté, la communauté avec la femme.

Cela dit, la communauté entre hommes et animaux n'est nullement dévalorisée, aux yeux du narrateur, par le fait que ce n'est qu'avec la femme que l'homme trouvera son épanouissement ultime. Il est faux aussi de penser, comme l'a suggéré Joh. Hempel, que l'homme, dans l'esprit du narrateur, aurait dû se contenter de la communauté des animaux et que c'est parce que, méprisant ce bienfait divin, il aurait réclamé autre chose et davantage, que Dieu, pour le punir et le perdre, lui avait envoyé la femme. Non, pour le Yahviste, la communauté entre hommes et animaux, même dépassée par celle que lui offrira la femme, reste une des quatre dimensions fondamentales de l'existence humaine.

Avant de revenir, à l'instant, sur ce qu'implique cette communauté entre hommes et animaux, il faut que je mentionne encore les deux autres relations instituées en Genèse 2, sans pouvoir évidemment m'y arrêter, malgré l'intérêt considérable et l'enjeu énorme de l'interprétation de ces passages.

Nous l'avons vu, la troisième relation, relation que l'homme accueille avec une véritable explosion de joie, est celle qui unit l'homme à la femme, la relation amoureuse. Comme Claus Westermann l'a fort bien démontré dans son commentaire monumental de l'histoire des origines, l'*Eros* représente pour le récit yahviste la chose la plus profonde, la relation ultime, que l'homme puisse vivre à l'intérieur du monde créé.

Mais il existe une quatrième relation, plus fondamentale encore, relation qui risquerait de passer inaperçue, tant la forme qu'elle prend dans notre récit est de nature à nous surprendre. Il s'agit de la relation entre l'homme, en fait l'être humain (homme et femme), et son Créateur. Le lien entre les deux s'établit non par le fait même de la création mais par le fait que Dieu se décide à adresser la parole à sa créature. Et cette parole prend la forme d'un interdit! Il s'agirait de montrer, dans quel sens cet interdit qui, à première vue, apparaît comme un piège peut être compris par le narrateur comme un bienfait de Dieu et comme l'élément même qui, en fait, rend la relation entre Dieu et l'homme intéressante. En effet, il n'est d'autre moyen pour Dieu que l'interdit pour signifier à l'homme et, à la limite, pour se prouver à lui-même qu'il a créé non pas un robot, non pas un être programmé et contrôlable, mais un interlocuteur, un vis-à-vis, un être libre, libre de dire oui ou non, libre d'obéir ou de désobéir, semblable à Dieu quant à sa liberté, libre par conséquent d'échapper au contrôle de Dieu, mais libre aussi d'assumer une responsabilité à l'égard de Dieu et de lui témoigner sa confiance.

Pourquoi alors, cette condition humaine si merveilleuse, si riche en promesse, va-t-elle connaître la perturbation? C'est là ce que cherche à expliquer — sans y parvenir entièrement — le second volet de notre récit, le traditionnel récit de la «chute». Ce serait une lecture beaucoup trop banale de ce texte que de répondre simplement: c'est parce que l'homme a désobéi à l'interdit divin. La transgression de l'interdit est certes ce qui déclenche le processus de la détérioration. Mais en même temps, on relèvera que cette transgression a quelque chose d'inéluctable, non pas en principe mais en fait. Elle est le moyen par lequel l'homme assume l'autonomie que son Créateur lui a conférée. Et elle est primordiale en ce sens que chaque homme — en tout temps et en tout lieu — en a fait l'expérience dans sa propre vie et à l'intérieur de sa propre conscience. Le dialogue entre l'être humain et le serpent, magistral dans sa concision, est un dialogue que tout homme reconnaît immédiatement pour l'avoir vécu. Mais ce qui, à mon avis, détermine la rupture entre Dieu et sa créature — toujours dans l'esprit du narrateur, bien sûr — n'est pas la transgression en elle-même, mais, de manière beaucoup plus décisive, le refus de l'homme de reconnaître sa responsabilité et d'assumer son autonomie lorsqu'il est interrogé par Dieu. C'est à ce moment-là seulement que l'homme refuse d'être l'interlocuteur libre que Dieu a voulu se donner. En disant «C'est la femme que tu as mise à côté de moi qui m'a influencé» ou «c'est le serpent qui m'a trompée» (3,12.13), l'homme et la femme nient la liberté que Dieu leur a donnée et qu'ils ont si promptement revendiquée, pour se présenter à nouveau comme des êtres non libres, entièrement déterminés par leur entourage, par leurs pulsions, par ce qui est extérieur à eux-mêmes.

Mais, pour notre propos, une chose surtout mérite d'être retenue: les acteurs du drame de *Gn* 3 sont les mêmes que ceux qui ont été introduits en Genèse 2. Il n'y a aucune puissance extérieure à Dieu ou à la communauté qu'il vient de créer qui intervienne et qui puisse être rendue responsable de la perturbation. Comme s'il avait le souci d'écarter résolument toute interprétation «satanique» ou «démoniaque» du drame, le narrateur précise très clairement, au début du chapitre 3:«Le serpent était le plus astucieux de tous les animaux des champs que le Seigneur Dieu avait faits.» Les initiateurs, les acteurs, puis les victimes du drame sont donc bien les animaux, l'homme et la femme, ces êtres vivants, ces personnages mêmes que Dieu lui-même a modelés avec de la glaise et auxquels il a insufflé la vie. La communauté merveilleuse et parfaitement adaptée entre animaux, homme et femme est devenue soudain complicité contre Dieu et contre son dessein. Et dès lors, tout se gâte. Toutes les relations sont maintenant gauchies, faussées, perturbées. C'est ce que nous montrent les malédictions de 3,14-19.

La relation de l'homme avec la terre et avec la terre et avec son travail devient, de satisfaction qu'elle était, source de frustration. La terre ne donne ses fruits qu'avec parcimonie et au prix d'un dur labeur.

La relation entre humains et animaux s'est transformée en hostilité permanente. Les animaux sauvages deviennent une menace permanente pour l'homme et pour les cultures. Et ce sera une lutte constante de les maintenir à l'écart des zones civilisées. Certains animaux, sournois et dangereux, comme le serpent, ne se laisseront jamais écarter: ils seront toujours là, aux pieds de l'homme, un danger mortel. Et la lutte sera sans merci et sans issue: l'homme et la bête se détruiront l'un l'autre et personne jamais n'en sortira vainqueur.

La relation entre l'homme et la femme, elle aussi, deviendra problématique, source de souffrance et de frustration. L'attirance sexuelle demeurera bien sûr, mais elle servira de prétexte à la domination et à l'exploitation mutuelle. L'intimité entre eux sera à jamais entachée de honte et de malentendu.

Enfin, la relation avec Dieu, sera sans doute celle qui sera le plus gravement affectée, puisque l'homme et la femme, expulsés du jardin, seront livrés à eux-mêmes. Par le refus de l'homme de rester l'interlocuteur que Dieu avait cherché en lui, la relation avec Dieu cessera entièrement, et le propos du Yahviste et de la Bible hébraïque tout entière sera de montrer dans quel autre contexte, dans quelle nouvelle histoire, ce dialogue sera réamorcé.

Pourtant, le récit de Genèse 2-3 ne se termine pas sur une note tragique. Tout de suite après avoir reçu les malédictions, l'homme donne un nouveau nom à sa femme: il l'appelle Ève, c'est-à-dire la Vivante, car, nous dit le texte, c'est elle qui a été la mère de tous les vivants, puis, après avoir reçu de leur Créateur de solides vêtements de peau — en remplacement des pagnes de feuillage fragiles qu'ils s'étaient confectionnés — l'homme et la femme quittent le jardin et partent dans le monde, un monde provisoirement éloigné de Dieu mais non, comme le savent le narrateur et ses auditeurs, un monde sans espérance.

En définitive, les deux faces de la condition humaine brossée par le narrateur de *Gn* 2-3, sont toutes deux constitutives de l'expérience humaine. Si dans le cadre du récit, ces deux faces sont attribuées à deux phases chronologiquement distinctes, c'est d'une part pour tenir compte des impératifs narratifs et d'autre part pour marquer la priorité et la primauté du positif sur le négatif. Mais ce serait une fausse interprétation du propos du Yahviste que de penser que pour lui, la condition humaine bonne, féconde, enthousiasmante, a été entièrement occultée et recouverte par l'expérience de la «chute». Au-delà des frustrations et des souffrances, ce sont tout de même le bonheur de vivre, la curiosité de nouer des relations, la volonté d'aimer qui déterminent la tonalité de base de l'existence humaine.

Quel bilan peut-on tirer de ces observations pour la manière dont le Yahviste envisage le rapport entre l'homme et l'animal? Trois constations s'imposent:

1) *Il n'y a pas de différence «ontologique» entre l'homme et l'animal.*

Homme et animal ont été, l'un comme l'autre, modelés à partir de la glaise (2,7.19). Il faut en conclure que l'un et l'autre se sont vu insuffler le «souffle de vie», bien que cela ne soit mentionné explicitement qu'à propos de l'homme (2,7). En effet, le modèle conceptuel, très répandu, de la création à partir de la terre implique *nécessairement* deux étapes: le modelage d'une figurine et l'insufflement de la vie. Puisque l'homme et l'animal, une fois morts, redeviennent poussière, il est facile de constater que la poussière est la «matière première» dont ils sont faits. Or, pour que la matière inerte prenne vie, pour que le conglomérat de poussière devienne un organisme animé, il est nécessaire de lui insuffler la vie. À défaut de cela, la figurine reste inanimée, inerte. Cette constatation vaut évidemment pour tout «être vivant» (2,7.19), qu'il soit homme ou animal. L'haleine de vie mentionnée en 2,7 signifie donc bien le don de la vie, mais elle n'implique nullement celui de l'immortalité, voire d'une parcelle de l'être divin. Comme Claus Westermann l'a fort bien démontré, l'homme et l'animal ont tous deux été créés mortels, la mort de l'individu n'est d'ailleurs ressentie en *Gn* 2-3 comme une frustration que lorsqu'elle intervient prématurément (2,17). La mort en tant que telle ne fait pas partie des frustrations de l'existence. Elle est la fin «naturelle» d'une vie longue et remplie. Dans le cadre d'une vie frustrée, elle peut même apparaître comme une limite, indépassable et bienfaisante, imposée à la souffrance (3,19a). L'homme et l'animal ont donc la même destinée: ni l'un ni l'autre ne sont appelés à une survie individuelle au-delà de la mort. Or, cette perspective — qui est celle de tout l'Ancien Testament, du Yahviste à l'Ecclésiaste — nous montre une chose: s'il existe une communauté entre humains et animaux, celle-ci ne peut avoir de sens que dans le contexte de la vie terrestre concrète, la seule vie à laquelle les créatures aient été appelées.

2) *Les animaux sont créés pour vivre en relation avec les hommes.*

Comme le souligne habilement l'enchaînement entre 2,18 et 2,19, Dieu crée les animaux dans un but précis: il s'agit de pallier à la solitude de l'homme. L'existence des animaux est donc conçue d'emblée en fonction de leur relation avec les hommes. Toute la question est dès lors de savoir de quelle manière cette relation est envisagée.

Après avoir créé les animaux, Dieu les conduit à l'homme «pour voir comment il les appelerait» (2,19). La TOB méconnaît manifestement la portée du passage en traduisant: «pour voir comment il les désignerait». En effet, il ne s'agit ici précisément pas d'une «désignation», comme on parlerait de la désignation d'une chose, mais ce qu'envisage le texte, c'est le don d'un *nom*, le don d'un nom à un être vivant. En lui «criant» un nom, l'homme entre en relation avec l'animal, et ce faisant, il le reconnaît comme un autre être vivant. On pourrait presque affirmer qu'en lui donnant un nom, l'homme entre en dialogue avec l'animal, comme il le fera plus tard avec la femme. L'idée du récit est apparemment que le nom de l'animal, avant d'être un nom d'espèce, était un nom propre, le nom personnel du premier exemplaire de l'animal en question, un peu comme Adam («homme») est le nom propre du premier homme. En lui donnant un nom, l'homme dit «tu» à l'animal, lui reconnaissant ainsi une identité personnelle analogue à la sienne. Cette constatation prend d'autant plus de poids que notre récit n'envisage à aucun moment la désignation des choses (fleuves, arbres, par exemple). Ce dont il est question en 2,19 n'est donc pas l'appropriation de l'univers par le langage, mais l'entrée en relation entre deux partenaires.

Qui dit relation entre deux partenaires, dit en fait «égalité», même si par ailleurs les partenaires sont inégaux. Il n'y a pas de relation là où l'un contrôle totalement l'autre. La relation ne peut exister que là où chacun des partenaires reste libre de ses initiatives et de ses réactions. On peut d'ailleurs même se poser la question si, dans l'esprit du narrateur, le don du nom n'impliquait pas — dans le contexte de la condition humaine non perturbée qu'il imagine — la possibilité d'une communication par la parole entre humains et animaux. En *Gn* 3, le serpent parle et entre en dialogue avec l'être humain. La plupart des commentateurs, certes, ne voient là qu'un trait propre au conte ou à la fable. Mais n'est-il pas plus vraisemblable de supposer que pour le narrateur yahviste, humains et animaux étaient primitivement destinés à se parler et que, «fondamentalement», ils sont toujours en mesure de se parler? L'absence de parole entre humains et animaux dans la réalité empirique serait à comprendre dès lors comme une des séquelles de la détérioration de la relation entre les créatures, de la même manière que la confusion des langues est présentée en *Gn* 11,7.9 comme un des signes de la détérioration des relations entre peuples humains.

Il était nécessaire d'insister d'abord sur l'égalité entre hommes et animaux lorsqu'on parle d'une relation entre eux, car cet aspect-là est généralement ignoré par les commentateurs. Mais cela n'empêche pas, bien entendu, ces derniers d'avoir raison lorsqu'ils voient en 2,19 l'instauration d'une hiérarchie entre hommes et animaux. Il ne fait pas de doute, en effet, que le don du nom représente non seulement une entrée en relation mais aussi un acte de souveraineté. C'est l'homme qui donne un nom à l'animal. Ce n'est pas l'animal qui donne un nom à l'homme, comme ce n'est pas l'homme qui donne un nom à Dieu. En conférant à l'homme le pouvoir de donner un nom à l'animal, Dieu le revêt en fait d'une dignité royale. Et en cela, nous voyons s'ouvrir une perspective qui sera développée très largement par le récit sacerdotal de la création, en *Gn* 1,26-28. Seulement, il convient de souligner que la métaphore royale elle-même interdit de considérer la relation entre homme et animal comme un rapport d'homme à chose. L'existence d'une hiérarchie entre le roi et ses sujets ne fait pas de ces dernier des «objets». Dans la relation entre le roi et son sujet, l'un et l'autre restent — s'il est permis de jouer sur ce glissement sémantique — «sujets».

3) *L'animal est envisagé comme une «aide» de l'homme.*

Le terme qui permet de préciser la nature de la relation entre l'homme et l'animal dans ses aspects à la fois communautaire et hiérarchique est celui d'«aide» (*ʿēzèr*). Avant de créer les animaux, Dieu dit: «Il n'est pas bon que l'homme soit seul. Je veux lui faire une aide qui lui soit accordée» (2,18). Certes, l'homme ne trouvera pas parmi les animaux l'aide «qui lui soit accordée», ou qui lui soit, un «vis-à-vis» (2,20). Seule la femme sera pour l'homme un «vis-à-vis» au sens ultime du terme. Mais, tout de même, en 2,18 déjà, une aide! Le même terme que celui qui sera utilisé pour la femme! Comment comprendre cette «aide»?

Ce serait faire une lecture inappropriée au contexte — et platement «bourgeoise»! — que de comprendre ce terme dans une perspective d'abord utilitaire: l'animal comme fournisseur de biens ou de services, la bête de somme, la monture, le chien de garde, la vache à lait, la brebis à tondre... Et ce serait céder à une lecture carrément perverse que d'y voir une allusion à la nourriture que l'animal peut constituer pour l'homme. (Ici encore, le récit de P restera parfaitement fidèle à la ligne de J lorsqu'il précisera, en *Gn* 1,29.30, que les hommes et les animaux étaient destinés à chercher leur nourriture dans la seule végétation). Pour tirer profit des animaux, il n'est pas besoin d'être en relation avec eux. Non, l'«aide» doit être comprise dans un sens beaucoup plus fondamental, plus «existentiel». Le manque dont souffre l'homme (2,18), le manque qui va motiver les différentes initiatives de Dieu des vv. 19 et 21 ss., c'est la solitude. Si l'homme a besoin d'une aide, c'est pour vaincre la solitude. L'homme est incapable de vivre seul: ce n'est pas une question de bien-être, c'est une question d'être ou de ne pas être! Ainsi, c'est donc pour *vivre* que l'homme a besoin d'une aide. L'homme a besoin de la femme, la femme a besoin de l'homme, les êtres humains ont besoin des animaux, tous ont besoin les uns des autres. Tous sont, les uns pour les autres, une «aide». Une aide pour vivre!

* * *

Il serait intéressant maintenant de parcourir d'autres textes de l'Ancien Testament pour vérifier dans quelle mesure la communauté entre hommes et animaux envisagée en *Gn* 2 trouve, dans la littérature biblique, des matérialisations concrètes. Mais nous ne pourrons le faire que de manière extrêmement sommaire.

Il faudrait citer en premier lieu tous les textes qui témoignent de la sollicitude de l'homme pour l'animal, les plus nombreux étant évidemment ceux qui envisagent la relation du berger avec son troupeau ou même avec une bête individuelle. Ces textes sont significatifs dans ce contexte même si leur propos est en fait de transposer une relation entre l'animal et l'homme sur le plan de la relation entre l'homme et Dieu. Le Psaume 23 en donne un exemple classique:

«L'Éternel est mon berger.
Je ne manque de rien.
Sur de frais herbages il me fait coucher,
près des eaux du repos il me mène, il me ranime.
Il me conduit par de bons sentiers pour l'honneur de son nom.
Même si je marche dans le ravin d'ombre et de mort,
je ne crains aucun mal, car tu es avec moi.
Ton bâton et ta canne, voilà qui me rassure.»

Le thème du bon berger est utilisé aussi en *Es* 40,11; *Ez* 34,12; *Jér* 31,10b. Ou encore, dans une perspective sapientiale, en *Pr* 12,10:

«Le juste connaît les besoins de son bétail,
mais les entrailles des méchants sont cruelles.»

Puis, transposé dans le contexte de la loi, en *Dt* 22,4:

«Tu ne t'esquiveras pas si tu vois l'âne ou le bœuf de ton frère tomber en chemin: tu ne manqueras pas d'aider ton frère à le relever».

Nous avons donc là des exemples où c'est l'homme qui est pour l'animal une «aide». Mais il reste que dans ces textes, la relation entre humains et animaux n'est pas envisagée comme une relation d'égal à égal, mais de maître à serviteur. On trouve cependant un ou deux cas où c'est l'élément affectueux qui domine la relation:

«Le riche avait force moutons et bœufs. Le pauvre n'avait rien du tout, sauf une agnelle, une seule petite, qu'il avait achetée. Il la nourrissait. Elle grandissait chez lui en même temps que ses enfants. Elle mangeait sa pitance, elle buvait à son bol, elle couchait dans ses bras. Elle était pour lui comme une fille.» (2 *S* 12,1-4)

Les lois témoignent, elles aussi, de la sollicitude de l'homme pour l'animal. L'animal a des droits qui vont au-delà de ce qu'exigerait la simple protection des intérêts de l'homme. Le bœuf et l'âne sont mis au bénéfice du sabbat:

«Six jours tu feras ce que tu as à faire, mais le septième jour, tu chômeras, afin que ton bœuf et ton âne se reposent et que le fils de ta servante et l'émigré reprennent leur souffle.» (*Ex* 23,12)

Pendant l'année sabbatique, le produit des champs doit être abandonné aux animaux sauvages (*Ex* 23,10 ss.; *Lv* 25,7). L'animal a droit à une part du produit de son travail:

«Tu ne musellerас pas le bœuf qui foule le grain.» (*Dt* 25,4)

D'une manière générale, les animaux bénéficient des mêmes protections que les pauvres, les faibles et les étrangers. Et même là où les animaux sont envisagés comme nourriture de l'homme, cet esprit protecteur se manifeste encore: dans un nid, par exemple, il est interdit de prendre la mère en même temps que les oisillons ou les œufs (*Dt* 22,6 ss.). Il est possible que l'interdiction de cuire le chevreau dans le lait de sa mère doive être comprise dans le même sens (*Ex* 23,19b; 34,26b; *Dt* 14,21; *Lév* 22,28).

En revanche, la communauté entre humains et animaux ne va jamais jusqu'à admettre des rapports sexuels entre eux. Que l'éventualité en a été envisagée, cela ressort du fait que l'interdiction de la bestialité n'est rapportée pas moins de quatre fois dans la Bible hébraïque (*Ex* 22,18; *Dt* 27,21; *Lév* 18,23; 20,15.16). Mais cette interdiction ne procède pas d'une distinction ontologique entre humains et animaux, car elle figure toujours parmi d'autres interdictions sexuelles, touchant notamment aux rapports incestueux entre membres d'une même famille. La préservation de l'autonomie des espèces ne s'applique d'ailleurs pas uniquement aux rapports entre humains et animaux, mais aussi aux rapports entre espèces animales différentes. Tout élevage d'animaux hybrides est proscrit. Il est même interdit d'atteler à un même char un bœuf et un âne (*Dt* 22,10; cf. *Lév* 19,19).

Je n'ignore pas qu'il est un domaine important dans l'Ancien Testament qui semble contredire de manière flagrante tout ce que les textes sus-mentionnés peuvent affirmer sur la solidarité entre hommes et animaux: celui du sacrifice d'animaux. Mais, très paradoxalement, ce domaine encore, et peut-être plus que tout autre, envisage le rapport homme-animal sous l'angle d'une solidarité quasi «ontologique». Tout cela est d'ailleurs bien connu, et je ne m'attarderai pas ici sur les implications de la pensée sacrificielle. Il est clair, que le sacrifice d'animaux — et très particulièrement le rachat des premiers-nés humains par des premiers-nés animaux (*Ex* 34,20; cf. *Gn* 22; *Ex* 13,13; *Nb* 3,12ss.; *Ex* 22,28) — repose sur la conscience d'une parenté profonde entre humains et animaux. En sacrifiant un animal, l'Israélite ne tuait pas une «chose», mais se mettait mentalement à la place de sa victime:

«Brutalisé, il s'humilie;
il n'ouvre pas la bouche,
comme un agneau traîné à l'abattoir,
comme une brebis devant ceux qui la tondent,
elle est muette; lui n'ouvre pas la bouche» (*Es* 53,7).

D'ailleurs, l'abattage profane lui-même n'allait pas sans un rappel constant, voire une réparation symbolique, de la rupture de solidarité entre humains et animaux qu'il impliquait: le sang, porteur de la «vie» de l'animal, devait retourner à la terre. Selon le narrateur sacerdotal, ce n'est qu'à ce prix que Dieu avait concédé à l'humanité post-diluvienne le droit de se nourrir de chaire animale (*Gn* 9,2-4).

Avec *Gn* 9, nous avons abordé en fait la réflexion israélite sur la perturbation de la communauté entre hommes et animaux. La place me manque pour énumérer ici les nombreux textes qui illustrent l'hostilité entre humains et animaux, et la lutte acharnée à laquelle peut mener cette hostilité. Toujours est-il que l'Israélite ressentait la lutte permanente entre hommes et animaux, au même titre d'ailleurs que la guerre entre les hommes, comme un des signes les plus manifestes de la perturbation de l'ordre créationnel. Et plusieurs textes montrent qu'Israël attendait de la restauration de la condition humaine primitive aussi la réconciliation entre hommes et animaux ainsi que la réconciliation entre les animaux eux-mêmes.

*Es* 11,6-9 en offre l'exemple le plus connu:
«Le loup habitera avec l'agneau,
le léopard se couchera près du chevreau,
le veau et le lionceau seront nourris ensemble,
un petit garçon les conduira.
La vache et l'ourse auront même pâture,
leurs petits, même gîte.

Le lion, comme le bœuf, mangera du fourrage.
Le nourrisson s'amusera sur le nid du cobra,
sur le trou de la vipère, le jeune enfant étendra la main.
Il ne se fera ni mal, ni destruction sur toute ma montagne sainte,
car le pays sera rempli de la connaissance de l'Éternel
comme la mer que comblent les eaux.»

(*Es* 11,6-9; cf. *Os* 2,20; *Ez* 34,25; *Jb* 5,23).

* * *

Nous avons été attentifs jusqu'ici surtout à ce qui unit l'homme à l'animal: il faut nous interroger maintenant sur ce qui l'en distingue. Curieusement, si l'Ancien Testament est volubile sur la première question, il est pratiquement muet sur la seconde. Apparemment, il était beaucoup plus difficile, pour l'Israélite ancien (comme peut-être, à nouveau, pour l'homme d'aujourd'hui), de mettre le doigt sur ce qui sépare l'homme de l'animal que sur ce qui l'en rapproche. Et pourtant, la question doit être posée: en quoi l'homme fonde-t-il sa spécificité par rapport à l'animal? En quoi l'humanité peut-elle prétendre être autre chose que l'une parmi les nombreuses espèces animales?

Notre réflexion, ici encore, pourrait partir de *Gn* 2-3. Mais nous nous attacherons cette fois-ci au récit de *Gn* 1. Il s'avérera d'ailleurs que le récit sacerdotal reste, sur ce point, étonnamment proche de la ligne tracée par le récit yahviste de *Gn* 2-3. Comment l'auteur sacerdotal perçoit-il la relation entre les «êtres» qui peuplent l'univers, et quelle est la position de l'homme par rapport aux autres «habitants» de son territoire? Comme l'ont montré V. Notter et O. H. Steck, le récit de *Gn* 1 fait une distinction très nette entre la mise en place du «cadre», qui forme la première moitié du récit (les quatre premières œuvres, réparties sur les trois premiers jours) et l'installation des «habitants» dans les différents secteurs de ce cadre (les quatre dernières œuvres, réparties sur les trois jours suivants). Le partage ne s'opère pas entre «matière inorganique» et «vie organique», comme le voudrait (peut-être) la biologie moderne, mais entre «habitat» et «habitant». L'habitat se compose du jour et de la nuit (= le temps) (1,3-5), du firmament séparant les eaux (= l'espace vertical) (1,6-8), de la terre séparée des eaux (= l'espace horizontal) (1,9.10) et de la végétation qui recouvre la terre (= le cadre nourricier des animaux et des hommes) (1,11-13). Quant aux habitants (ou «êtres (vivants)»), ils comprennent les luminaires célestes (1,14-19), les animaux des mers et des airs (1,20-23), les animaux terrestres (1,24.25) et les hommes (mâle et femelle) (1,26-28). Cette première constatation nous montre à elle seule que chez P, l'homme n'est pas considéré comme le seul «habitant» d'un univers qui serait, en dehors de lui, uniquement «matière» ou «chose». Pour P comme pour J, l'homme est destiné à partager l'univers avec d'autres êtres créés et donc à vivre «en relation» avec eux. Pour les deux auteurs, il y a certes des degrés dans la proximité entre habitants de l'univers: les animaux sont plus proches des hommes que les astres, les animaux terrestres plus proches que les animaux marins ou aériens, et la femme et l'homme sont l'un pour l'autre les plus proches de tous puisqu'ils sont créés non seulement le même jour (avec les animaux terrestres) mais encore sont amenés à l'existence par le même acte créateur (1,27). En tout cela, l'auteur de *Gn* 1 ne fait que concentrer, thématiser, cristalliser le jeu des relations que la narrateur yahviste avait mis en scène de manière narrative en *Gn* 2.

Pour P comme pour J, c'est surtout avec les animaux terrestres que l'homme va être appelé à vivre en voisin. La nécessité de ce voisinage découle du fait qu'animaux terrestres et humains doivent partager le même territoire. P n'ignore pas que ce voisinage va entraîner des conflits (cf. *Gn* 9,2-4), mais il confesse que l'ordre créationnel, qualifié de «très bon» en 1,31, était agencé par Dieu de manière à permettre une symbiose harmonieuse entre animaux et humains. En effet, les animaux de la terre — contrairement aux animaux des eaux et des airs (1,22) — ne sont ni bénis ni invités à être prolifiques et à «remplir la terre». Cette bénédiction, cette invitation, assortie cette fois de l'exhortation à dominer la terre, sera, en ce sixième jour, réservée à l'homme (1,28). D'autre part, P prend soin de préciser, dans l'attribution de la nourriture aux deux «habitants» de la terre, que les «herbes portant semence», c'est-à-dire les céréales, ainsi que les fruits sont réservés aux hommes, alors que la «verdure», c'est-à-dire l'herbe sauvage, est destinée aux animaux (1,29.30). De cette manière, toute concurrence, toute lutte entre humains et animaux devait être écartée.

En quoi réside alors, pour l'auteur de notre récit, la «différence» entre hommes et animaux? Deux observations, bien connues, vont nous permettre d'avancer un peu.

1) On a souvent remarqué que sur les huit œuvres de la création, sept sont appelées «bonnes» par Dieu: cf. 1,4.6*.10.12.18.22.25 (il faut, avec l'apparat critique de la BHS et la majorité des critiques, réintroduire la formule au v. 6). Seul l'être humain ne reçoit pas ce qualificatif. Sans pouvoir entrer dans le fond de la question, disons que l'interprétation adoptée par les commentateurs récents est sans doute correcte: si l'homme n'est pas qualifié de «bon», ce n'est pas qu'il soit «mauvais», mais c'est qu'il a été créé *libre* d'être bon ou non. Ainsi, si la création des animaux est dite «bonne» alors que celle des hommes ne l'est pas, nous aurions donc dans la *liberté* un des points sur lesquels se ferait le clivage entre la condition humaine et la condition animale.

Tout dépend cependant de la manière dont on conçoit cette liberté. Rien ne serait plus risqué que de l'interpréter dans les catégories habituelles de la philosophie occidentale, en la situant par exemple dans le champ logique du déterminisme ou de la prédestination. Que l'homme soit créé «libre» ne signifie pas nécessairement que toutes les autres créatures vivantes soient «déterminées». En *Gn* 1 comme en *Gn* 2-3, la «liberté» de l'homme — mais le terme ne figure dans aucun des deux textes — est donnée à partir du moment où une parole de Dieu est adressée *à* l'homme (1,28; 2,16) et par le fait même que cette parole lui a été adressée. C'est en faisant de l'homme son interlocuteur, en lui disant «tu», que Dieu institue la liberté de l'homme. Cela signifie aussi que la liberté n'est pas une «qualité» dont l'homme aurait été doté au moment de sa création, une sorte de supplément d'âme que l'homme aurait reçu en sus de sa nature animale. La liberté ne fait pas partie de la «nature» de l'homme: l'homme peut fort bien choisir de rester un objet à l'intérieur du monde créé. Mais, dès le moment où Dieu le constitue en interlocuteur, il a la possibilité d'*assumer* sa liberté et de dire, librement, oui ou non.

Nul récit n'offre une illustration plus incisive de la liberté humaine que le récit yahviste de *Gn* 2-3. L'homme et la femme, institués dans leur liberté par l'interdit divin (2,16), choisissent de transgresser l'interdit et de dire ainsi «non» à Dieu. Dans la perspective du narrateur, ils font là certes un mauvais choix, mais de faire ce choix est leur droit le plus strict. En effet, leur liberté n'est réelle que s'ils sont libres non seulement d'accepter mais aussi de refuser l'ordre de Dieu. Et en fait, la narrateur montre admirablement comment tout se joue non au moment de la transgression (3,1-7) mais lors de l'interrogatoire (3,8-13). C'est à ce moment-là que se situe le véritable échec de l'homme, car c'est lors de cette seconde adresse de Dieu à l'homme que celui-ci renonce à assumer sa liberté. L'homme, en accusant la femme, et la femme, en accusant le serpent, refusent soudain de se voir en êtres libres et de revendiquer la liberté de choix que Dieu leur avait offerte dans sa première adresse. Non, ils se présentent maintenant comme des êtres entièrement déterminés par leur environnement, des êtres sans liberté, sans choix, sans autonomie. À ce renoncement de l'homme, il n'y a pas de parade. Le discours de l'homme, d'ailleurs, n'est pas récusable sur le plan des faits. Le narrateur n'a-t-il pas relaté la scène de la transgression exactement telle que l'homme et la femme la rapportent? Mais ce discours est-il vrai pour autant? La question, en fait, est sans objet, car précisément, ce n'est pas sur le plan de la «conformité aux faits» que peut se résoudre l'énigme de la liberté ou de la non-liberté de l'homme. La liberté n'existe que dans l'ordre du possible, non dans celui du réel. Le narrateur affirme: l'homme et la femme auraient pu choisir la liberté, opter pour la liberté, se voir en interlocuteurs libres de Dieu. Tout être humain conserve cette potentialité. La liberté concrète, l'homme est donc seul à pouvoir la saisir! Aussi, lorsque les acteurs humains de *Gn* 2-3 récusent leur liberté, le dialogue avec Dieu cesse. Il cesse non pas en raison d'une quelconque «mauvaise volonté» de Dieu: il cesse tout simplement «faute de combattants», l'homme ne se reconnaisant plus comme interlocuteur de Dieu. Et si l'histoire se poursuit malgré tout, ce n'est plus qu'en vertu de la grâce ou de la patience divine, en quelque sorte «dans l'attente de jours meilleurs».

Il est donc possible que, pour les auteurs de *Gn* 1 et de *Gn* 2-3, la liberté, fondée par l'adresse de Dieu à l'homme, soit un des points, voire le point décisif, sur lequel l'homme se distingue de l'animal. Seulement, deux restrictions doivent immédiatement être apportées à cette affirmation. D'une part, on aura compris que la liberté — par sa définition même — ne peut jamais être une qualité objectivement constatable: elle n'a de sens que dans le domaine du possible. D'autre part, si les narrateurs posent clairement la potentialité de la liberté humaine, ils ne disent rien de la non-liberté des animaux. Il est vrai que ni *Gn* 1 ni *Gn* 2-3 ne font état d'une parole de Dieu à l'animal: il est donc vrai que ces narrateurs ne posent pas le problème de la liberté des animaux. Mais cela signifie-t-il que la liberté des animaux soit expressément niée, ou que la non-liberté des créatures animales soit opposée à la liberté des hommes? Rien ne permet de l'affirmer. Si l'on me pardonne cette boutade, je dirais que le manque d'intérêt de nos deux narrateurs pour le problème de la liberté des animaux provient essentiellement du fait que *Gn* 1 et *Gn* 2-3 sont des textes écrits par des hommes et non par des animaux.

2) Le second élément sur lequel pourrait se fonder en *Gn* 1 la revendication d'une distinction entre hommes et animaux est la fameuse affirmation des vv. 26.27 selon laquelle l'homme a été créé «à l'image de Dieu»:

> «Dieu dit: 'Faisons l'homme à notre image, selon notre ressemblance, et qu'il soumette les poissons de la mer, les oiseaux du ciel, les bestiaux, toute la terre et toutes les petites bêtes qui remuent sur la terre!' Dieu créa l'homme à son image, à l'image de Dieu il le créa; mâle et femelle il les créa.»

C'est en étant *imago Dei* que l'homme se distinguerait, dans son essence comme dans son existence, de toutes les créatures animales. Ici encore, faute de pouvoir entrer dans le fond du débat, nous nous contenterons de quelques remarques.

L'articulation entre le 6ᵉ et le 7ᵉ jour, c'est-à-dire entre la mise en place des relations entre créatures (notamment hommes et animaux terrestres) et la réservation d'un «espace» (le sabbat) pour les relations entre hommes et Dieu, montre qu'en *Gn* 1 comme en *Gn* 2, l'homme a été crée non pour être un serviteur de Dieu ou des dieux — il n'est jamais question d'un *travail* de l'homme pour Dieu — mais, si l'on peut dire, pour son propre «bonheur». Seulement, ce bonheur n'est pas complet s'il se limite aux relations entre créatures: il lui faut aussi la relation (de confiance, d'amour et de dialogue) avec Dieu. La relation avec Dieu, loin d'étouffer les autres relations, leur donne au contraire tout leur sens. Et c'est ainsi que, par la simple juxtaposition du 6ᵉ et du 7ᵉ jour, l'auteur montre que l'homme est, en puissance, un être qui se transcende lui-même.

Le theologoumenon de l'*imago Dei* pourrait aller dans le même sens. Mais est-ce sur ce point que l'homme se sépare de l'animal? L'histoire de l'interprétation montre que les exégètes ont longtemps cru tenir là la clef de notre énigme: il suffisait de déterminer en quoi l'homme était «image de Dieu» pour savoir en quoi il se différenciait de l'animal. Était-ce par la ressemblance physique avec Dieu, par exemple par la marche à la verticale? Était-ce par sa supériorité intellectuelle ou spirituelle, par son entendement moral, sa volonté de domination, par sa nature «personnelle», sa «dignité» ou sa liberté? L'homme était-il à l'image de Dieu dans sa totalité ou dans une de ses parties seulement? L'homme ainsi qualifié était-il uniquement l'homme «d'avant la chute» ou également l'homme de l'histoire, l'homme que nous sommes? Toutes ces théories ont été défendues. Dans son commentaire, Claus Westermann me semble avoir fait faire un progrès décisif à l'interprétation en démontrant que le theologoumenon de l'*imago Dei* ne pouvait pas être compris comme la description d'une *qualité* (virtuelle ou réelle) de l'homme mais tout au plus comme l'indication de la *finalité* de la création de l'homme. «Faisons l'homme à notre image!», cette déclaration n'implique aucune définition de la nature ou de la qualité de l'homme mais traduit uniquement l'intention dans laquelle Dieu décide de créer l'homme: l'homme est créé *à la fin* d'être «image de Dieu», *pour* servir d'image à ou de Dieu. Il s'avère dès lors que notre theologoumenon ne dit rien sur l'«être» de l'homme, mais désigne uniquement une relation que l'homme est appelé à vivre. Les vv. 26.27 se réfèrent à une fonction, à une finalité, donc à une potentialité que Dieu souhaiterait faire assumer à l'homme. Il n'en découle une affirmation sur «l'être» de l'homme que dans la mesure où l'homme est celui à qui Dieu offre la *possibilité* d'être ce à quoi il le destine. Mais ici encore, il faut souligner que Dieu ne peut pas obliger l'homme à accepter d'être «image de Dieu», il ne peut pas «faire» de l'homme une «image de Dieu». À partir des vv. 26.27, c'est donc à l'homme de savoir s'il sera ou non «image de Dieu».

Mais que signifie dès lors «image de Dieu»? Quelle est la relation ainsi envisagée? Deux théories s'affrontent aujourd'hui sur ce point:

1) Les uns (par exemple H. Wildberger, W.H. Schmidt) rappellent que le terme «image de Dieu» est, à l'origine, un titre royal. Le pharaon est «image de Re» en ce sens qu'il est le représentant de ce dieu vis-à-vis des autres hommes. Pour ses sujets, le pharaon est l'image visible — et même la seule image visible — du dieu. C'est dans ce sens-là que certains passages du Nouveau Testament appliqueront le theologoumenon au Christ: «Il (le Christ) est l'image du Dieu invisible» (*Col* 1,15; cf. 2 *Co* 4,4). Le récit de *Gn* 1, qui débouche sur le don à l'homme de la souveraineté sur les animaux (1,26b-28), pourrait donc avoir «démocratisé» un titre royal en l'appliquant à l'homme en général. L'homme serait «image de Dieu» en ce sens qu'il serait appelé à représenter Dieu vis-à-vis de la nature, et notamment vis-à-vis des animaux. *Gn* 1,26-28 présenterait l'homme comme le vassal de Dieu sur terre.

2) D'autres exégètes (et notamment C. Westermann) font appel à d'autres textes — plus rares, il est vrai, mais peut-être plus pertinents — qui remploient le terme «image» au sens de «vis-à-vis», «répondant», «interlocuteur». Dans certains mythes d'origines (par exemple chez les Indonésiens), Dieu crée l'homme afin d'avoir un vis-à-vis, un répondant, un «autre» avec qui engager un dialogue. Dans ce cas, ce n'est plus la relation entre l'homme et le monde, ou entre l'homme et les animaux, qui est visée par la formule «image de Dieu», mais la relation entre l'homme et son Créateur. L'homme est créé non d'abord pour représenter Dieu face aux autres créatures, mais pour être lui-même un interlocuteur ou un partenaire de Dieu. Le don à l'homme de la souveraineté sur les animaux ne serait dès lors plus qu'une conséquence, une «retombée» secondaire, de cette relation première. Nous aurions donc une image plus «filiale» que «royale». On relèvera que cette conception «filiale» de l'*imago Dei* (visant la relation avec Dieu) se trouve, elle aussi, appliquée au Christ (cf. *Rm* 8,29; *Col* 3,10).

Dans les deux interprétations — qui ne sont d'ailleurs pas aussi exclusives l'une de l'autre qu'on pourrait le penser — le theologoumenon de l'imago Dei paraît donc être décisif comme critère de spécificité pour la définition de l'existence humaine par rapport à la vie animale. Dans la première perspective, la spécificité de l'homme résiderait dans le fait que l'homme est non seulement le souverain de l'animal mais aussi le médiateur obligé entre lui et Dieu. Dans la seconde hypothèse, l'homme serait unique parce qu'il serait le seul être vivant à avoir été appelé à être l'interlocuteur de Dieu.

C'est d'ailleurs bien dans l'orbite de ces deux perspectives que les théologiens et exégètes cherchent le plus souvent à situer la spécificité de la condition (ou de la vocation) humaine par rapport à la condition animale. Il n'est cependant pas sûr que l'Ancien Testament leur donne raison! En effet, les deux hypothèses envisagées paraissent largement démenties par nombre d'autres textes bibliques. C'est là ce qu'il nous reste à voir.

* * *

Affirmer que l'homme est le seul être vivant à avoir une relation avec Dieu ou affirmer que les animaux ne peuvent avoir accès au Créateur que par l'intermédiaire de l'homme, c'est ignorer que selon d'innombrables textes bibliques, il existe précisément un lien très étroit et très direct entre les animaux et Dieu.

Il y a d'abord tous les passages qui évoquent la sollicitude du Créateur pour le monde animal. Quelques exemples devront nous suffire: Dieu non seulement sauve les animaux lors du déluge en les faisant entrer dans l'arche, mais après le Déluge son alliance s'adresse, en dehors des hommes, à tous les êtres vivants de la création (*Gn* 8,1; 9,9; cf. *Jon* 4,11). Les Psaumes attestent à de nombreuses reprises le lien très étroit qui unit les animaux à Dieu. Dieu considère les animaux sauvages et le bétail comme son bien propre (*Ps* 50,10). C'est lui qui nourrit les animaux (*Ps* 136,25; 104,21-27 ss.; 147,9; cf. *Jb* 38,41). Jusqu'ici, il pourrait certes ne s'agir que d'exemples de la sollicitude de Dieu pour l'ensemble de la création. Mais d'autres textes vont plus loin. Les animaux vivent, eux aussi, par le don du souffle de Dieu, et ils meurent quand Dieu leur reprend ce souffle (*Ps* 104,29 ss.). Ils ont, comme les hommes, une «âme» qui peut se tourner vers Dieu (*Ps* 104,21). Le Psaume 104 surtout affirme que les animaux accèdent au même niveau d'existence que l'homme puis-qu'ils peuvent avoir une attitude religieuse. Certes, la «religion» des animaux n'emprunte pas les mêmes voies que celle de l'homme, mais les animaux font, eux aussi, l'expérience du *mysterium tremendum* et du *mysterium fascinosum* (*Ps* 104,29 s.). Eux aussi participent à la louange de Dieu (*Es* 43,20; *Ps* 148,10), eux aussi adressent des supplications à Dieu (*Jb* 38,41; *Jl* 1,20; 2,22; cf. *Ps* 36,7). L'animal donc est, à l'instar de l'homme, créature de Dieu, aimée de Dieu, vivant comme l'homme de la miséricorde de Dieu. Simplement, leur relation avec le Créateur n'est pas celle des hommes: elle passe par d'autres voies, par d'autres langages, impénétrables à l'homme.

Rien non plus ne permet d'affirmer que les animaux sont privés de liberté ou de choix «moraux». Certains textes, rares il est vrai, envisagent la punition d'animaux pour la transgression de leurs obligations morales (*Gn* 3,14; *Ex* 21,28 ss.; *Lv* 20,15 s.). En *Jon* 3,7 ss., le jeûne est imposé aux animaux comme aux hommes.

Tous ces textes ont évidemment un certain côté «naïf» ou «populaire», ce qui pourrait nous induire à les interpréter dans l'ordre de la fable, du conte ou de la métaphore poétique plutôt que de vouloir en tirer des enseignements théologiques sur la nature de la condition animale. Toujours est-il que le croyant israélite, tout en mesurant la distance qui le sépare du monde des animaux, ne va jamais jusqu'à réduire ce monde à la pure matérialité ou à lui contester son propre accès au Créateur.

En conclusion, le bref survol que nous avons opéré nous aura montré que le problème de la définition de la spécificité de l'homme par rapport à l'animal ne se laisse pas résoudre par quelques formules limpides. Pour la foi israélite, l'homme et l'animal sont profondément liés, ils partagent la même «nature», vivent la même condition de créature et sont soumis au même Dieu. Et pourtant, l'homme et l'animal se savent séparés. Cette séparation est ressentie précisément comme l'une des frustrations de l'existence, d'autant plus qu'elle se manifeste le plus souvent sous la forme d'une hostilité déclarée. L'homme est certes considéré comme ayant face à l'animal une position de souveraineté, en droit sinon en fait. Mais pas plus qu'un roi humain ne doit traiter ses sujets en esclaves, l'homme n'est pas en droit de réduire les animaux au statut de chose. Et surtout: pas plus qu'un roi humain n'est en mesure de contrôler, de médiatiser ou de «résumer» en lui-même tout ce que ses sujets peuvent vivre de significatif, l'homme ne peut prétendre «incarner» à lui seul la vie significative et s'instituer seul médiateur entre tous les êtres vivants et leur Créateur.

Une fois posée la primauté de l'homme, la condition animale apparaît, dans la perspective de l'Ancien Testament, comme une sorte de «circuit parallèle» à la condition humaine. Ce que nous montrent les récits de la création, c'est que la présence et l'interaction de ces deux «circuits» est précisément une des données constitutives de la condition humaine. C'est face au monde des animaux, face à leur réseau de relations impénétrables pour l'homme, face à leur accès apparemment immédiat et non problématique à Dieu, que l'homme est amené à se poser les questions ultimes, à prendre conscience de sa propre fragilité, de sa vulnérabilité, des dilemnes posés par sa liberté, bref, de sa difficulté de vivre et de son incapacité à renouer l'impossible dialogue avec Dieu.

C'est peut-être pour cette raison que l'homme observera avec passion le monde des animaux, comme si, en perçant ses secrets, il parviendrait enfin à retrouver le chemin du paradis perdu. Il admirera chez les animaux le sens de l'organisation et de la cohésion sociale (*Pr* 30,24-28), il s'étonnera de leur astuce (*Pr* 30,18.19), s'émerveillera de leur force (*Jb* 21,10) ou de leur grâce (*Ct* 2,9), et leur enviera leur incomparable sensualité (*Ct* 1,9; 2,14). Compagnons de l'homme, les animaux l'auront été aussi en tant qu'inspirateurs de ses nostalgies.

# L'INTERDICTION DE BRISER LES OS DE LA VICTIME PASCALE D'APRÈS LA TRADITION JUIVE

Mathias Delcor

Une remarque préalable sur la place de l'interdiction de briser les os de la victime dans les documents bibliques. Dans le livre de l'Exode, cette interdiction est mentionnée à deux endroits différents, en *Ex* 12,10 (LXX) et en *Ex* 12,46. En dehors de l'Exode on ne la rencontre qu'en *Nb* 9,12. La LXX d'*Ex* 12,10, mais non le T.M. fait état de cette interdiction. Elle se situe après mention de l'obligation de rôtir la victime avec sa tête, ses pattes et ses tripes et de l'interdiction de rien manger qui soit cru ou bouilli et de ne rien en garder pour le lendemain, d'où l'obligation de brûler les restes au point du jour. Cette interdiction est située d'après la version grecque dans le premier récit sacerdotal. Mais nous sommes sans doute en présence d'une glose provenant d'*Ex* 12,46. Le second texte *Ex* 12,46 appartient à ce qu'il est convenu d'appeler la deuxième loi sur la Pâque ou *Normes complémentaires*[1] sur la Pâque (*Ex* 12,43-51). Elle appartient d'après les critiques à P. B. Baentsch qui, dans son commentaire[2], l'attribue plus précisément à *Ps*, de même A. Kuenen[3]. Il est en effet question dans cette section (12,43-51) d'un complément apporté à *Ex* 12,1-14, qui de toute évidence, est dans l'esprit de l'auteur sacerdotal soucieux de précisions rituelles. Le texte de *Nb* 9,12 appartient également à la tradition sacerdotale, mais plus tardive (*Ps*)[4]. Il se situe dans un passage contenant une nouveauté dans les traditions de l'*AT* puisqu'il permet la célébration de la Pâque le deuxième mois pour ceux qui se trouveraient dans un état d'impureté légale prévue par la loi ou qui seraient absents, lors d'un voyage. Une première observation s'impose au regard de ces textes: l'absence d'explication du rite dans la tradition biblique, sans doute parce que la pratique de garder intacts les os de la victime sacrificielle allait de soi.

En raison de la carence de justification, déjà la tradition juive ancienne et les historiens des religions actuels ont proposé diverses explications. On ne s'étonnera donc pas outre mesure si les historiens des religions ou les ethnologues ont cherché des parallèles. Un des derniers savants qui a examiné le problème avec quelque

[1] G. von Rad, (*Die Priesterschrift im Hexateuch.* Leipzig 1934, 45-61) parle d'addition (Zusatz); G. Fohrer (Überlieferung und Geschichte des Exodus. *BZAW* 91, Berlin 1964, 89) l'interprète comme un ajout (Nachtrag); H. Holzinger dans son commentaire du début du siècle (*Exodus.* Tübingen 1900) intitulait ces versets: Kasuistische Novelle zum Passahgesetz.

[2] Cf. B. Baentsch, *Exodus (HKAT).* Göttingen 1900, 108.

[3] Cf. A. Kuenen, *An Historical-Critical Inquiry into the Origin and Composition of the Hexateuch (Pentateuch and Book of Josua).* Londres 1886, 331.

[4] Cf. D. Kellermann, Die Priesterschrift von Numeri 1,1 bis 10,10. *BZAW* 120, Berlin 1970; P. Laaf, Die Pascha-Feier Israels. Eine literarkritische und überlieferungsgeschichtliche Studie. *Bonner Biblische Beiträge* 36, Bonn 1970, 64-67; Santos Ros Garmendia, *La Pascua en el Antiguo Testamento.* Vitoria 1978, 61-71.

ampleur est J. Henninger dans deux études successives parues en 1956[5] et en 1971[6] et résumées dans son ouvrage sur les *Fêtes de printemps chez les Sémites et la Pâque israélite* paru en 1975[7]. Mais ce problème a préoccupé depuis longtemps les spécialistes. Je veux citer pour mémoire les brèves remarques de K. Kohler[8] et une plus longue étude de J. Morgenstern[9]. Le problème a d'abord été étudié chez les Sémites où l'on a cherché des parallèles d'une part, dans les coutumes des Arabes soit préislamiques, soit modernes, d'autre part, chez les Sémites occidentaux, voire chez les Égyptiens. Une des études les plus récentes sur ce sujet est l'œuvre de Franz Josef Stendebach intitulée: l'interdiction de briser les os chez les Sémites[10]. J. Henninger a eu le mérite dans les deux études signalées plus haut d'étendre son enquête bien au-delà des limites du monde sémitique, dans les peuples de chasseurs et de pasteurs de l'Eurasie, voire d'autres continents, surtout l'Afrique.

*Le monde sémitique*

Deux théories essentielles ont vu le jour. L'une à partir d'idées sur la nature de la victime pascale, exposée notamment par S. H. Hooke, estime que l'interdiction de briser les os a pour but de rendre possible sa résurrection; la victime pascale est le substitut et le symbole du dieu. Hooke souligne d'abord que la Pâque est avant tout une fête de printemps. La nuit du 14 du mois d'Abib, dit-il, le Destructeur constitue un danger pour tout individu qui sortirait de la maison. Aussi des mesures spéciales, de nature apotropaïque, étaient prises pour empêcher l'entrée du Destructeur dans la maison. À partir des rituels babyloniens d'incantation, il cherche à interprèter dans la même ligne de pensée la manducation de la victime pascale. Il cite, à titre d'exemple, le porc tué et démembré dans les rituels d'incantation et dont les membres sont posés sur la personne malade, identifiée par là avec la victime tuée. Il suggère que l'usage de manger la chair de la victime n'était qu'un des moyens de substitution et d'identification du fidèle avec le dieu dans le but d'être délivré d'une puissance hostile. Par là, s'expliquerait l'obligation de ne rien laisser de la victime afin de ne pas annuler la valeur magique et apotropaïque de l'identification: pour que celle-ci soit totale, il faut tout manger[11]. Pourtant Hooke ne dit rien de la défense de briser les os, mais d'autres auteurs en partant de l'idée que la victime pascale représente la divinité, expliquent que la défense de briser ses os a pour but

[5] Cf. Joseph HENNINGER, Zum Verbot des Knochenzerbrechens bei den Semiten. *Studi orientalistici in onore di Giorgio Levi Della Vida*. Roma 1956, I, 448-458.

[6] Cf. Joseph HENNINGER, Neuere Forschungen zum Verbot des Knochenzerbrechens. *Studia Ethnographica et Folkloristica in honorem Béla Gunda*, redegerunt J. SZABADFAKVI - Z. UJVARY, Debrecen 1971, 673-702.

[7] Cf. J. HENNINGER, *Les fêtes de Printemps chez les Sémites et la Pâque israélite*. Paris 1975, 147-157.

[8] Cf. K. KOHLER, Verbot des Knochenzerbrechens. *Archiv für Religions-Wissenschaft*, 13 (1910), 153-154.

[9] Cf. Julian MORGENSTERN, The Bones of the Paschal Lamb. *Journal of the American Oriental Society* 36 (1916), 146-153.

[10] Franz Josef STENDEBACH, Das Verbot des Knochenzerbrechens bei den Semiten. *BZNF* 17 (1973), 29-38, avec une abondante bibliographie.

[11] Cf. J. H. HOOKE, *The Origins of Early Semitic Ritual*. Londres 1938, 49.

d'assurer sa résurrection dans une forme parfaite, le jour du jugement. C'est par exemple la théorie de Mowinckel[12]. L'exégète scandinave a soin de préciser que la victime représentait la divinité aux époques préhistoriques. Ceux qui en mangeaient absorbaient quelques-unes de ses qualités divines. Pour ce motif, le repas pascal était pris en hâte et on prenait soin qu'aucun des os de la victime ne soit brisé en sorte qu'elle puisse revivre en son intégrité, à la résurrection. Les tenants de cette théorie se basent notamment sur des croyances observées encore en Palestine et en dernier lieu par le Dr. T. Canaan. Ce dernier rapporte que les Palestiniens croyaient qu'un mouton offert auparavant en sacrifice apparaîtrait au jour du jugement les yeux peints et avec de beaux ornements et qu'il servirait à l'offrant à monter au Paradis. De là provient, souligne Canaan, le dicton arabe: «Les animaux offerts en sacrifice nous servent de monture.» Plus précisément, selon le même auteur, lorsqu'on sacrifiait la victime de *eḏ-ḏhiyeh* on veillait avec le plus grand soin à ne pas briser ses os afin qu'il puisse se montrer en son intégrité et sans défaut au jour du jugement. Au dernier jour, le mouton offert en sacrifice rendait le service à l'offrant de mettre dans la balance ses bonnes actions afin de contrebalancer ses fautes et ses péchés[13].

Par contre, on notera que lors du sacrifice du mois de Rağab, les Arabes ne semblent pas avoir pris de précautions spéciales en vue de conserver indemnes les os de la bête[14]. Dans l'explication qui relie à l'idée de résurrection de la victime sacrificielle l'interdiction de briser les os de cette dernière, il est clair que les ossements maintenus en leur intégrité doivent servir nécessairement de charpente à la résurrection de la chair. De là J. Henninger a conclu que les os étaient considérés comme le support de l'âme[15]. Il n'a pas de mal à étayer cette explication à partir de l'*AT*: d'une part, pour traduire «moi-même», l'hébreu dit «mon os», les os devenant le synonyme de la personne et du moi et d'autre part, il invoque la description de la revivification des ossements desséchés d'*Ez* 37,1-14, qui exprime à merveille ces conceptions sous une forme poétique.

On a voulu quelquefois trouver[16] des traces de ces croyances déjà chez les Cananéens. Dans l'épopée de *Danel et Aqhat*, Danel se met à chercher les restes du héros Aqhat qui a été tué par la déesse ʿAnat. Le poète répète à diverses reprises ces mots mis dans la bouche de Danel:

«Que je regarde s'il y a un lambeau (de chair)
ou s'il y a un os,
pour pleurer et l'enterrer,
pour le placer dans la terre, le cimetière divin.»[17]

[12] Cf. Sigmund MOWINCKEL, *Psalmenstudien*, t. II, 34, 54.

[13] Cf. Dr T. CANAAN, Mohammedan Saints and Sanctuaries in Palestine. *JPOS* VI (1926), 41.

[14] Cf. Joseph CHELHOD, *Le sacrifice chez les Arabes*. Paris 1955, 151.

[15] Cf. J. HENNINGER, *Les fêtes de Printemps chez les Sémites*. 156.

[16] Cf. J.B. SEGAL, *The Hebrew Passover, from the Earliest Times to A.D.* 70. Oxford 1963, 171, note 2 qui remarque que le texte est imparfait de ce point de vue.

[17] Cf. *Danel et Aqhat*, ID III, 110, traduction dans A. CAQUOT et N. SZNYCER, *Textes Ougaritiques. I. Mythes et Légendes*. Paris 1974, 452.

Finalement, Danel a pu rassembler les restes de Aqhat et, en particulier, ses os pour procéder à sa sépulture. Il s'exprime en ces termes:

> «Il y a un lambeau (de chair) et il y a un os», et le poète de continuer:
> «Sous cette forme, il prend Aqhat.
> Il mène grand deuil, il pleure et il l'enterre.
> Il l'enterre dans un lieu ténébreux,
> dans une sépulture.
> Il élève la voix et s'écrie:
> Que Baʿal brise les ailes des rapaces,
> Que Baʿal brise les oiseaux,
> s'ils volents au-dessus de la tombe de mon fils
> et l'empêchent de dormir.»[18]

Il est clair que ce texte ne parle ni de résurrection, ni de l'interdiction de briser les os du mort. L'accent y est mis sur la nécessité de préserver les restes du héros de la voracité des rapaces afin de lui donner une sépulture décente. Mais le soin avec lequel Danel cherche à rassembler les os du héros et l'allusion au sommeil du mort pourraient laisser croire que c'est en vue de son réveil, c'est à dire de la revivification de ses ossements dans des perspectives osiriennes. On ne peut cependant presser davantage le sens du texte, si bien qu'il ne peut pas être utilisé pour expliquer *Ex* 12,46 et parallèles mais uniquement *Ez* 37,1-14 avec les réserves qui s'imposent.

Une deuxième explication met en relation l'interdiction de briser les os de la victime avec la préservation de la santé et de l'intégrité physique de l'offrant. Cette exégèse se manifeste particulièrement dans la tradition juive mais non exclusivement.

*La tradition juive*

A. *Le livre des Jubilés*

Il s'agit du plus ancien témoignage littéraire selon lequel l'interdiction de briser les os de la victime pascale a pour but de préserver les os des enfants d'Israël. Le texte essentiel apparaît dans Jubilés éthiopien 49,13 mais non dans le texte latin où on lit tout autre chose. Ce passage important retiendra particulièrement notre attention. Il est situé dans un contexte décrivant le rituel pascal tel évidemment qu'il se pratiquait de son temps, c'est à dire au IIe siècle av. J.-C. Il comporte notamment l'usage du vin, mentionné ici pour la première fois (*Jub* 49,6). L'auteur se réfère plutôt à *Dt* 16 qu'à *Ex* 12. La Pâque doit en effet être célébrée au sanctuaire central d'après la législation deutéronomique. Rien n'est dit dans les Jubilés sur la tenue vestimentaire que doivent porter les participants au repas pascal; or sur ce sujet le Deutéronome est également muet. Par contre l'interdiction de briser les os présente dans le livre des Jubilés est absente du Deutéronome mais se trouve en *Ex* 12. La tradition textuelle de *Jub* 49,13 présente quelques difficultés, car il y a désaccord

[18] Cf. *Danel et Aqhat*, ID III, 145 (traduction CAQUOT-SZNYCER).

entre les versions éthiopienne et latine. On lit littéralement dans la version éthiopienne: «car ne sera pas brisé des enfants d'Israël aucun os». La version latine qui a été faite sur un texte grec[19] porte: *et non erit tribulatio eis filiis Istrahel in die hac*[20]. Le verbe quadrilittère éthiopien *qatqata* signifie «briser». Mais selon R.H. Charles, dans son édition du texte éthiopien[21], ce verbe serait à comprendre métaphoriquement comme en latin «non erit tribulatio», qui suppose, dit-il, probablement en grec *οὐ γὰρ ἔσται συντριβή*. Dans son commentaire[22], le même auteur ajoute quelques considérations de critique textuelle: si on suppose, dit-il, deux traductions grecques différentes de l'hébreu et que l'original hébreu de *in die hac* est *b'ṣm hywm hʒh* on pourrait expliquer l'éthiopien par la chute de *hywm hʒh* et par le changement de: *b'ṣm* en *'ṣm*. La corruption du texte semble, précise-t-il, d'origine éthiopienne. Si, ajoute-t-il, le texte se référait au brisement des os, on aurait le verbe *sabara* comme avant et après dans le texte éthiopien, que le latin traduit respectivement «*frangere*» et «*confringere*». L'idée qu'aucun mal n'arrivera aux Israëlites dans l'année est reprise en 49,15 où elle est même accentuée: «*et non eveniet ab illo plaga ut perdat et exterminat eos in anno illo*».

Les remarques de critique textuelle faites par Charles ne sont pas entièrement convaincantes pour deux motifs principaux:

1) Nous ne possédons pas le texte grec intermédiaire[23] entre le texte hébreu original et le texte latin.

2) Parmi les fragments hébreux qumraniens représentant l'original des Jubilés, il n'y a pas, dans l'état actuel de la publication des textes, de correspondant au passage expliqué plus haut. Pour ces motifs, toute restauration du texte hébreu original reste conjecturale.

3) Au lieu de supposer que le texte éthiopien est corrompu, comme le fait Charles, on pourrait envisager, tout au contraire que la corruption s'est faite au niveau soit de la version latine, soit même au niveau de l'une des deux versions grecques qui est à l'origine de la version latine. De fait, le caractère sémitique primitif me paraît se refléter dans le texte éthiopien, comme nous le montrerons plus bas. Aussi le texte hébreu original devait-il porter quelque chose comme:

*kî lô' yššaber 'eṣem beney 'Isra'el.*

Ce texte hébreu aurait été correctement traduit par la version grecque qui est à l'origine de la version éthiopienne. Par contre, on pourrait supposer que la version grecque qui est à l'origine du latin n'aurait pas compris la référence aux os des

[19] Sur les problèmes de l'histoire du texte de Jubilés, voir l'étude récente de James C. VANDER KAM, *Textual and Historical Studies in the Book of Jubilees. Harvard Semitic Monographs* 14, Missoula, Montana 1977 (chapitre 1).

[20] Le texte latin a été édité par Hermann RÖNSCH, (*Das Buch der Jubiläen*) à Leipzig en 1874. (Reprint à Amsterdam en 1970).

[21] Cf. R.H. CHARLES, *The Ethiopic Version of the Book of Jubilees*. Oxford 1895, 172.

[22] Cf. R.H. CHARLES, *The Book of Jubilees*, 255-256.

[23] On trouvera aisément les fragments grecs conservés dans A.M. DENIS *Fragmenta Pseudepigraphorum quae supersunt graeca*. Leiden 1970.

enfants d'Israël, en raison du contexte sacrificiel mentionnant les os de la victime. Pour ce motif, elle aurait d'une part compris le verbe briser «*šabar*» au sens figuré en le traduisant probablement par *συντριβή*, d'où le latin «*tribulatio*» influencé peut-être par la LXX d'*Ex* 12,46 qui rendait par *συντρίβειν* «briser» au sens propre le verbe «*šabar*» et d'autre part, elle aurait supposé que *'eṣem* ne signifiait pas «os» mais ne représentait qu'un lambeau de l'expression plus complète *b'ṣm hywm hʒh*. Si l'on accepte cette hypothèse, le schéma d'histoire du texte de ce passage des Jubilés serait le suivant:

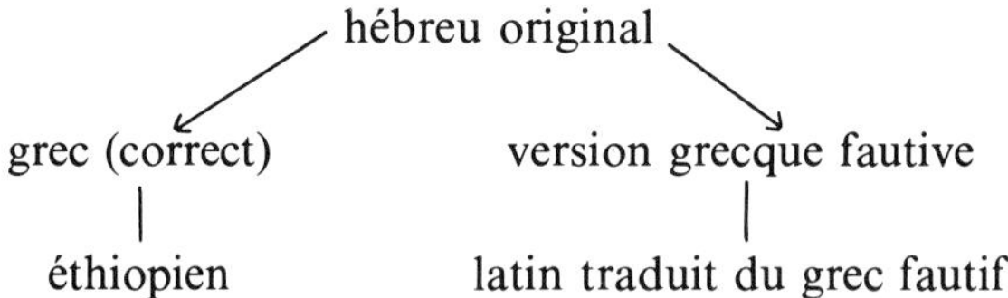


Mais, répétons-le, en l'absence de texte hébreu original cette reconstruction reste hypothétique.

4) Nous avons noté plus haut le caractère sémitique et primitif de la tradition transmise par le texte éthiopien. De fait, on connaît aussi chez les Arabes le caractère apotropaïque de l'interdiction de briser les os de la victime. Dans le sacrifice *'aqiqa* immolé au septième jour après la naissance d'un enfant, les Arabes ne brisent pas les os de la victime pour préserver de tout accident les os de l'enfant[24]. En Abyssinie existent aussi de semblables coutumes. On sacrifie des vaches à l'occasion d'un enterrement. Tandis que la viande de la victime sacrificielle est mangée par les participants au deuil, ses os ne sont pas brisés de peur que les parents du défunt, désignés comme ses os, ne meurent aussi[25].

Il nous reste à expliquer la signification à donner aux enterrements d'os dans des vases de terre révélés par les fouilles archéologiques de Qumrân et leur éventuelle relation avec *Jub* 49,13. Selon R. de Vaux, les dépôts d'os sont au nombre de 39. Jamais aucun enterrement ne contient, précise-t-il, le squelette complet d'un animal et les os ont été rassemblés quand la chair n'y était plus attachée. Vingt-six de ces dépôts contiennent des os provenant d'un seul animal. Ces os sont certainement les restes d'un repas, ajoute-t-il, et la plupart des ossements sont nets tandis que d'autres sont calcinés, ce qui signifie que les viandes ont été généralement bouillies et quelquefois rôties. Ces os appartiennent à des animaux divers: moutons adultes 5, moutons ou chèvres sans distinction possible 26, agneaux ou chevreaux 10, veaux 6, vaches ou bœufs 4, et un animal non identifié[26]. Ils sont très vraisemblablement des restes des repas cultuels mais

[24] Cf. HENNINGER, *Zum Verbot des Knochenbrechens bei den Semiten*, 449, notes 1 et 2; CHELHOD, *Sacrifice*, 137-139.

[25] Cf. Maria HÖFNER, dans H.W. HAUSSIG, *Wörterbuch der Mythologie* 1,1. Stuttgart 1965, 561-563.

[26] Cf. R. DE VAUX, L'archéologie et les manuscrits de la Mer Morte. *The Schweich Lectures of the British Academy* 1959, Londres 1961, 10-11; du même auteur, *Archaeology and the Dead Sea Scrolls*. Londres 1973, 12-15.

qui ne proviennent pas, semble-t-il, exclusivement de la Pâque, pour deux motifs principaux. En effet d'après le livre des Jubilés où l'on reconnaît généralement un écrit essénien[27], on sait d'une part que les Esséniens offraient des agneaux (*Jub* 49,3) et d'autre part qu'on devait exclusivement les rôtir et non les bouillir dans de l'eau (49,13). Or les restes osseux de Qumrân montrent qu'on bouillait généralement les viandes et qu'on ne les rôtissait que plus rarement. Par ailleurs, on n'a pas trouvé que des os d'agneaux dans les fouilles archéologiques. Les archéologues et les historiens des religions ont été assez embarrassés pour expliquer le sens à donner à ces enterrements d'os[28]. Ils y ont habituellement vu la preuve qu'ils étaient les restes de repas sacrés, ce qui est pourtant discuté par certains auteurs[29]. Mais Henninger a écrit qu'aucun texte n'expliquait directement ces énigmatiques dépôts d'ossements[30] A. Scheiber a pourtant mis en relation cette pratique avec l'interdiction biblique: «tu ne briseras pas d'os»[31]. Mais il faut avouer que dans ce cas, il s'agirait d'une extension de l'interdiction à des repas cultuels autres que celui de la Pâque, car, répétons-le, une telle interdiction est liée dans les textes bibliques uniquement à la victime pascale. Il en va de même pour *Jub* 49,6 que Scheiber cite sans soupçonner que le livre des Jubilés appartient au milieu essénien, qui est précisément le même milieu religieux auquel appartenaient les habitants de Qumrân. Il a pourtant souligné le sens apotropaïque de l'interdit que lui donne le livre des Jubilés. Cet interdit, précise-t-il, était d'origine prémosaïque mais ne se limitait pas aux Hébreux. Il s'efforce de trouver des parallèles empruntés à l'ethnologie. Il mentionne en effet la pratique des Mongols nestoriens: chacun des participants au repas pascal consomme sur place sa propre part mais apporte de la viande d'agneau aux membres de la famille restés à la maison tout en ayant soin de ne pas briser les os de la bête. Il cite également la coutume des Permi-Vogules d'autrefois qui enterraient les os des animaux sacrifiés afin de les protéger. Il conclut que vraisemblablement beaucoup de peuples primitifs croyaient que les os conservés au cours des temps se couvraient de chair et que les animaux revenaient à la vie. Or, pour qu'ils puissent ressusciter, les os ne devaient pas être brisés.

Mais revenons aux dépôts d'animaux qumraniens. Soulignons qu'aucun texte trouvé à Qumrân n'explique la pratique d'enterrement des os provenant des repas cultuels. Le seul texte que l'on puisse citer est celui de *Jub* 49,13 avec son explication apotropaïque. Dans la mesure où les os enterrés n'étaient pas brisés, ce que de Vaux ne précise pas, ce texte pourrait expliquer en partie la pratique de les conserver. Mais, répétons-le, il s'agit alors d'une extension à toutes sortes de repas cultuels de l'interdit pascal.

[27] Cf. M. DELCOR, The Apocrypha and Pseudepigrapha of the Hellenistic Period. W. D. DAVIES and L. FINKELSTEIN (eds), *The Cambridge History of Judaism* t. II. Cambridge, à paraître.

[28] On trouvera les diverses hypothèses dans R. DE VAUX, *Archaeology* ..., 14-15.

[29] Cf. J. VAN DER PLOEG, The Meals of the Essenes. *JSS* 2 (1959), 163-175 et surtout p. 172 et ss. Il considère que les os des animaux étaient impurs, d'où leur enterrement.

[30] Cf. J. HENNINGER, *Les fêtes de printemps chez les Sémites* ..., 156.

[31] Cf. A. SCHEIBER, Ihr sollt kein Bein dran zerbrechen. *VT* 13 (1963), 95-97.

B. *L'interprétation targoumique*

Le targoum d'Onkelos n'ajoute rien au texte biblique d'*Ex* 12,46. Il en va tout autrement du targoum de Jérusalem appelé targoum de Jonathan;

> *wgrm' l' ttbrwn byh bdyl lmykwl mh dbgwyh*
> «Vous ne briserez pas les os pour manger ce qui est à l'intérieur.»

Ce targum interdit de briser les os à moëlle afin de manger cette substance qui était considérée comme de la viande. Il ne suffit donc pas de dire que les os sont considérés comme le support de l'âme ou mieux comme le siège du principe vital. Telle n'est pas la signification que le targum de Jérusalem donne à *Ex* 12,46 qui est interprété dans un sens alimentaire: ne cherchez pas à briser les os pour manger la moëlle.

Il est vraisemblable que le sens originel d'*Ex* 12,46 n'a rien à voir avec l'interprétation targoumique et il est possible qu'il relève de conceptions en relation avec la vie, voire la survie des êtres. De fait, on dit en hébreu *'aṣmy* «mon os» pour dire moi-même. La partie la plus intime d'un être, son essence ou son moi, est désignée par l'os. Or la moëlle est située au plus intime de l'os et constitue pour ainsi dire le principe vital. De Yahvé qui protège le juste, le psalmiste dira:

> «Il garde (*šomer*) tous ses os (*'aṣmotayw*)
> Aucun d'eux ne sera brisé» (*Ps* 34,21)

Aussi les os sont-ils le symbole de la force, comme semble l'indiquer *Ps* 31,11 qui met en parallèle la force (*koḥy*) et les os. La présence des os, charpente du corps, est nécessaire à leur revivification comme le montre la vision des ossements desséchés dans *Ez* 37.

C. *La Michna* (Pesaḥ VII,10-11)

La Michna s'est intéressée au sort des os de la victime pascale. Il est spécifié que les os (*'ṣmwt*) et les nerfs (*gydym*) doivent être brûlés (*ysrpw*) avec ce qui reste le 16 (*Pes* VII,10a). Mais si le sabbat tombe le 16, les os et les nerfs doivent être brûlés le 17 (*Pes* VII,10b). Par ailleurs, celui qui brise un os d'une victime pascale pure (*'t h'sm bpsḥ hṭhwr*) sera frappé de 40 coups de bâton. Mais s'il laisse quelque chose de pur de la victime et s'il brise un os d'une victime impure il ne recevra pas 40 coups de bâton (*Pes* VII,11b)[32].

La Michna, comme on le voit, ne donne aucune explication de l'interdiction de briser les os. Mais les peines appliquées au contrevenant à cette interdiction atteignent le maximum prévu par *Dt* 25,3, ce qui marque l'importance que l'on attachait à l'interdit.

D. *Le Talmud de Jérusalem* (Pesaḥ 6,4)

Le Talmud de Jérusalem fait écho à des conceptions semblables à celles du targoum de Jérusalem.

[32] Cf. Georg BEER, *Pesachim (Ostern) Text. Übersetzung und Erklärung*. Giessen 1912.

«On enseigne encore: ce sacrifice de fête (hagigah) offert en même temps que l'agneau pascal devra être consommé en premier lieu, afin que l'on mange le sacrifice pascal à l'état de rassasié. Mais qu'importe si l'on mangeait ce dernier en ayant faim? C'est que, répond R. Yosé b. R. Abou... il s'agirait d'éviter (ce qui pourrait arriver à l'affamé) de briser un os (*Ex* 12,46)» (Traduction M. SCHWAB).

L'homme affamé en présence de la viande sacrificielle courait le risque, dans sa précipitation de briser les os et donc de manger la moëlle. C'est ainsi que la Torah Šelemah comprend ce passage du Talmud de Jérusalem[33].

E. *L'exégèse médiévale*

La tradition rabbinique s'est demandé si l'ordre de manger la viande rôtie de la victime pascale d'*Ex* 12,8 n'abroge pas l'interdiction de briser les os en *Ex* 12,46, puisque dans les os à moëlle, cette matière est considérée comme étant de la viande.

*La Mekhilta de Rabbi Ishmael* prend nettement position à l'égard de ce problème. Il s'agit en effet d'un midrash de l'Exode dont la date de composition est controversée. Si l'on en croit une étude récente de Günter Stemberger[34], il s'agirait d'un midrash tannaïque datant de la 2e moitié du IIIe siècle de notre ère. D'après Wacholder, par contre, la Mekhilta attribuée à Rabbi Ishmael serait un midrash apocryphe qu'il faudrait situer peu après l'an 800 et dont l'auteur était sans doute un palestinien. En effet Wacholder remarque que le VIIIe siècle était une époque productrice d'écrits apocryphes aussi bien chez les Chrétiens que chez les Musulmans[35]. L'interprétation que donne la Mekhilta pour *Ex* 12,46 est nette: «Tu ne dois pas briser un os (*Ex* 12,46), soit qu'il s'agisse d'un os avec de la viande, soit qu'il s'agisse d'un os sans viande (*Ex* 12,46,21b). Selon la Mekhilta, l'obligation de manger la viande de la victime pascale en *Ex* 12,8 se réfère à la viande qui est autour de l'os, non à la viande qui est à l'intérieur de l'os.

*Le commentaire de Rashi.* Rashi commente ainsi le texte biblique: «Et vous ne romprez pas d'os» sur lequel il y ait de quoi manger. S'il s'y trouve de la viande de la grosseur d'une olive, l'interdiction de briser les os ne s'y applique pas.» L'exégète juif de Troyes se situe donc dans la ligne de la Mekhilta. L'obligation faite par *Ex* 12,8 «Cette nuit-là, on mange la chair rôtie au feu» concerne la viande située autour des os. Comme il est souvent difficile de les rendre absolument nets, il estime qu'il y a de la viande si les os en contiennent une quantité de la grosseur d'une olive; dans ce cas on ne peut pas les briser. Mais par contre, s'il ne s'y trouve pas de la viande de la grosseur d'une olive, l'interdiction de briser les os ne s'y applique pas. Apparemment notre auteur ne se préoccupe pas des os à moëlle pas plus que des os sans moëlle, mais de savoir quand il y a de quoi manger sur un os.

[33] Cf. KASHER, *Encyclopedia of Biblical Interpretations*. Vol. VIII, 92.

[34] Cf. Günter STEMBERGER, Der Datierung der Mekhilta. *Kairos* 21 (1979), 81-118.

[35] Cf. B. WACHOLDER, The Date of the Mekhilta de-Rabbi Ishmael, *HUCA* 39 (1968), 117-144.

*L'exégèse du Zohar*

Cet écrit se présente sous forme de commentaire du Pentateuque. Il est attribué à un écrivain cabbaliste de Grenade, Moïse de Léon, qui vivait au XIIIe siècle[36]. Le Zohar s'oriente vers une tout autre explication de l'interdit biblique. Ce dernier y est mis en relation avec la religion égyptienne que les Hébreux cherchent à humilier. «Pourquoi est-il dit: 'Et tu ne rompras pas un seul os?' C'était pour froisser les Égyptiens et les blesser dans leurs idoles; car les os ont été jetés dans la rue et les chiens venaient et les traînaient d'un endroit dans un autre, et c'était la chose la plus dure pour les Égyptiens, car ces os leur rappelaient leurs idoles. Il est dit: 'Vous ne les briserez point', mais les chiens les briseront; et lorsque les Égyptiens virent ce spectacle, ils enfouirent les os dans la terre pour les enlever aux chiens. Et c'était la façon la plus éclatante de reconnaître eux-mêmes l'inanité de leurs adorations.» (Zohar II 2,41b)[37].

Cette manière d'expliquer les choses — quelle que soit d'ailleurs sa valeur — s'inscrit dans la perspective des croyances religieuses des Égyptiens. Ceux-ci adoraient en effet des dieux qui n'étaient autres que des animaux divinisés, tel, par exemple, Knub, dieu à tête de bélier vénéré par les Égyptiens, mais sacrifié par les Hébreux. En interdisant de briser les os de la victime pascale et en les laissant traîner dans les rues, c'était les livrer aux dents des chiens et du même coup humilier les idoles égyptiennes.

*Que conclure?*

Cette diversité d'opinions de l'exégèse juive montre à elle seule qu'on ne comprenait déjà plus le sens ancien de l'interdiction de briser les os de la victime pascale. Aussi est-il bien difficile de retenir une interprétation plus qu'une autre pour connaître le sens primitif du texte biblique. Pour ce motif, on doit revenir au contexte d'Exode et parallèles pour essayer de comprendre le sens profond et sans doute ancien de l'interdiction de briser les os de la victime. Deux explications principales ont été proposées par les exégètes modernes: l'une de caractère communautaire, l'autre de nature culinaire.

Selon M. Noth, l'intégrité de la victime maintient la cohésion de la famille qui l'offre. Chacun de ses membres, commente-t-il, est l'os de ses os et la chair de sa chair et il renvoie à *Gn* 2,23 et à 2*S* 19,13. Le caractère communautaire du sacrifice pascal trouverait son expression dans le fait de ne pas briser les os de la victime[38].

De son côté, R. Dussaud a proposé une explication très simple. Si on interdit de briser les os de la victime, c'est pour faire respecter l'usage de la rôtir[39]. De fait

[36] Cf. L'introduction de J. ABELSON, dans *The Zohar translated by Harry* SPERLING *and Maurice* SIMON, *Londres et New-York (The Soncino Press) 1933, t. I, p. X.*

[37] Cf. traduction de Jean DE PAULY, *Sepher ha-Zohar (Le livre de la Splendeur)*. Paris 1908, t. III, 191.

[38] Cf. Martin NOTH, *Das zweite Buch Mose, Exodus, (Das Alte Testament Deutsch)*. Göttingen 1965.

[39] Cf. René DUSSAUD, *Les origines cananéennes du sacrifice israélite*. Paris 1941, 2e édition, 210 et 211.

briser les os signifierait que l'on veut cuire l'animal dans une marmite avec de l'eau comme pour les sacrifices de communion ou qu'il était dépecé comme pour les sacrifices du Temple. Par ailleurs, introduire l'usage du bouilli à la place du rôti ferait oublier la pratique nomade et certainement antique du rite pascal. Si l'auteur sacerdotal demande de ne pas briser les os de la victime pascale, c'est sans doute parce qu'il combat la pratique du bouilli.

Il faut d'ailleurs souligner que les deux explications, communautaire et culinaire, ne s'excluent pas nécessairement mais peuvent se compléter mutuellement. Enfin il ne serait pas invraisemblable que l'interdiction de briser les os, charpente du corps, doit être mise en relation avec la croyance que l'animal sera un jour revivifié selon une croyance relevée plus haut chez les Palestiniens. Mais, répétons-le, en l'absence d'une explication biblique, nous sommes réduits à faire des hypothèses.

# LES ANIMAUX ATTRIBUTS DES DIVINITÉS DU PROCHE-ORIENT ANCIEN: PROBLÈMES D'ICONOGRAPHIE

Dominique COLLON

Vers 2300 av. J.-C., sous les rois d'Akkad, il y eu semble-t-il une réorganisation du panthéon sumérien et sémitique[1]. À partir de ce moment nous trouvons un emploi systématique d'animaux attributs qui remplissent un rôle essentiellement visuel: ils existent afin d'identifier un dieu ou une déesse d'une façon bien précise dans une société en grande partie illettrée. Précise sans doute pour ceux qui pouvaient interpréter toutes les nuances iconographiques. Avec un recul de quelques siècles, nous reconnaissons sans aucun problème saint Jérome et saint Marc —tous deux identifiés par un lion. Lorsque les millénaires interviennent les nuances nous échappent.

Il semble pourtant que l'animal attribut ait été choisi pour l'une des raisons suivantes:

1. il symbolisait un aspect du caractère de la divinité,
2. il symbolisait les forces néfastes vaincues par la divinité,
3. il symbolisait le peuple que représentait la divinité, ou le pays ou la région dont le dieu était originaire.

Nous tenterons d'illustrer chacun de ces trois cas.

Comme l'a fait remarquer M. Cauvin lors de son exposé à Genève au mois de décembre dernier, depuis la plus haute antiquité, la déesse est représentée sous forme humaine et «ses attributs sont précisés par les représentations animales qui lui sont associées.» Nous ne parlerons ici que des félins qui forment le trône de la déesse à Çatal Hüyük[2] et qui lui sont associés à Hacilar[3], en Anatolie, au 6e millénaire et que nous retrouvons à Suse[4] et à Ebla[5] quelques 3000 ans plus tard, vers le milieu du 3e millénaire. Nous ignorons ce qui a pu être la valeur symbolique de cette association entre la déesse et les félins. Toujours est-il que les sceaux de l'époque akkadienne ne laissent aucun doute sur l'aspect guerrier de la déesse qui est identifiée par le lion[6] que l'on retrouve dès lors à toutes les époques: sous les Assyriens notamment quand Ishtar d'Arbèles était particulièrement favorisée[7], et à Hatra au 1er siècle de notre ère où elle devient Allat, déesse de la guerre[8].

[1] P. AMIET dans *Ancient Art in Seals.* (E. PORADA, ed.), Princeton 1980, 39.

[2] J. MELLAART, *The Neolithic of the Near East.* Londres 1975, 106, fig. 54.

[3] *Ibid.*, 115, fig. 65.

[4] P. AMIET, *Elam.* Auvers-sur-Oise 1966, 210-211.

[5] P. MATTHIAE, *Ebla—un impero ritrovato.* Turin 1977, 84, fig. 14.

[6] R.M. BOEHMER, *Die Entstehung der Glyptik während der Akkad-Zeit.* Abb. 382-384, 387, 389.

[7] D.J. WISEMAN, *Cylinder Seals of Western Asia.* Londres n.d., pl. 67.

[8] R. GHIRSHMAN, *Persian Art.* New York 1962, 92, fig. 103.

Sur d'autres monuments, c'est l'aspect protecteur de la déesse de la fertilité qui est favorisé—comme sur le vase de Warka où les symboles d'Inana sont perchés sur le dos d'un mouton[9]. Sur une empreinte du 18e siècle av. J.-C., trouvée à Acem Hüyük en Anatolie, la déesse est assise sur le dos d'un mouton et pose les pieds sur un lion[10]. Sur le célèbre bol de Hasanlu une déesse se dévoile debout sur le dos d'un (ou deux?) mouton(s)[11].

M. Cauvin avait également fait remarquer qu'une «instance masculine qui domine avec [la déesse] l'iconographie n'apparaît qu'exceptionnellement sous forme humaine, sa représentation animale sous la forme du Taureau restant prédominante pendant toute la préhistoire orientale.» À l'époque akkadienne, il semble que le taureau ait brièvement fait partie de l'iconographie du dieu des eaux (déjà identifiée par des flots et des poissons)[12] et ait été un symbole de l'orage[13]—un rôle remplit depuis longue date par l'aigle léontocéphale[14]. En Syrie au 18e siècle av. J.-C., un style national de glyptique fut créé pour répondre aux exigences d'un essor politique et économique, et l'iconographie du dieu ouest-sémitique Adad fut établie d'une façon très précise: le dieu est coiffé d'une tiare avec une pointe ou une boule au sommet et ornée de cornes latérales ou frontales, ses cheveux forment une longue natte qui se termine en boucle, il porte un kilt, un poignard recourbé à la ceinture et brandit une masse d'arme dans un geste de victoire égyptien (et tout à fait étranger à la Mésopotamie) tout en tenant dans l'autre main une hache et d'autres armes et la laisse d'un petit taureau couché devant lui[15]. Le taureau est le symbole de l'orage et du tonnerre dans de nombreuses religions. Que ce soit à Ebla[16] ou à Alalakh[17], l'iconographie ouest sémitique ne varie guère. Mais un serpent a tendance à s'ajouter à la scène[18]. C'est le symbole d'un pouvoir maléfique et du chaos que le dieu domptera. Dans certains contextes, le serpent remplacera le taureau comme attribut[19] et nous pouvons suivre le développement de ce même thème iconographique dans les représentations de saint Georges et du Jugement Dernier.

Il est moins aisé de trouver des exemples d'animaux attributs avec des origines ethniques ou régionales. L'iconographie du dieu Amurru, dieu protecteur des tribus «bédouines» du même nom, a été elle aussi créée de toutes pièces vers la même date que celle d'Adad. Le dieu est identifié non seulement par son bâton recourbé mais

[9] A. PARROT, *Sumer*. Paris 1960, 72, fig. 89.

[10] N. ÖZGÜÇ dans *Ancient Art in Seals*. (E. PORADA, ed.), Princeton 1980, fig. III-36; voir aussi figs. III-32 à 35.

[11] E. PORADA, *Ancient Iran*. London 1965, 98, fig. 63.

[12] BOEHMER, *op. cit.*, Abb. 377.

[13] *Ibid.*, Abb. 358, 359, 361, 369.

[14] P. AMIET, *La glyptique mésopotamienne archaïque*. Paris 1961, 143 s.

[15] D. COLLON, «The Smiting god» dans *Levant* IV (1972), 111-134.

[16] P. MATTHIAE, *op. cit.*, pls. 99-100.

[17] D. COLLON, *The Seal Impressions from Tell Atchana/Alalakh* (*AOAT* 27), Kevelaer et Neukirchen/Vluyn 1975, 184 s. et pls. XXV-XXVI.

[18] E. PORADA, *Corpus of Ancient Near Eastern Seals in North American Collections* I: *The Collection of the Pierpont Morgan Library*, Washington 1948, No. 967.

[19] A. MOORTGAT, *The Art of Ancient Mesopotamia*. Londres 1969, pl. 254.

aussi par la gazelle sur laquelle il pose le pied[20]. C'est un animal que des tribus originaires du désert choisiraient volontiers comme symbole.

Le dieu du soleil, Shamash, a lui aussi une iconographie bien précise mais qui remonte à l'époque akkadienne. De temps à autres, surtout à la période paléo-babylonienne, le dieu pose le pied non pas sur une montagne mais sur un taureau androcéphale[21]. Or Boehmer a suggéré que le taureau androcéphale n'est autre que le bison stylisé dès l'époque dynastique archaïque, représenté avec plus de réalisme à l'époque akkadienne et divinisé pendant la renaissance néo-sumérienne[22]. Les bisons étaient originaires du Caucase et du Zagros et c'est précisemment là que le soleil mésopotamien se levait.

Plus tard les Assyriens devaient reprendre le thème du taureau androcéphale en y ajoutant des ailes et en lui donnant quelquefois des attributs léonins. Les *lamassu* qui protégeaient les portes des palais et des temples réunissaient de cette manière les qualités d'un grand nombre d'animaux attributs des divinités[23]. Cette iconographie nous la retrouvons dans l'art chrétien et les quatre Évangélistes sont représentés par l'intelligence humaine, les ailes de l'aigle, le lion — symbole d'une force sauvage, et le taureau — symbole de l'animal au service de l'homme[24].

[20] J.-R. KUPPER, *L'iconographie du dieu Amurru*. Bruxelles 1961.

[21] P. AMIET, *Glyptique susienne*. Paris 1972, Nos. 1563, 1757, 1760.

[22] BOEHMER, *op. cit.*, p. 43 s.

[23] J. B. PRITCHARD, *The Ancient Near East in Pictures*. Princeton 1969, Nos. 646-647.

[24] Par exemple à Sainte-Pudentienne et à Saint-Paul-hors-les-Murs à Rome.

# THE HISTORY OF THE muš-ḫuš IN ANCIENT MESOPOTAMIA

W. G. LAMBERT

The creature called in Sumerian muš-ḫuš [1], and in the Babylonian loan *mušḫuššu*, is most clearly depicted in the enamelled bricks which covered the Ishtar Gate of Babylon as rebuilt by Nebuchadnezzar II (B.C. 605-562) [2]. It is a composite monster, generally in the form of a lion, though only the front paws are fully leonine. The head and long neck are those of a snake, with a forked tongue protruding and one visible horn rising from the top of the head. The body, like the tail and neck, is scaly, while the hind paws are like the talons of a bird of prey, probably the eagle. Here, then, is a combination of three of the most awesome creatures from the animal kingdom: the lion, king of beasts; the snake, feared and admired everywhere for its uncanny gait and power to inflict sudden death; and the eagle, king of the birds. Interspersed among the *mušḫuššu* on the Ishtar Gate are bulls, which, though a little stylized by the artist, make a striking contrast by their conformity to nature. The vertical rows of these intermingled creatures on either side of the gateway face inwards, a matter of more than esthetic significance, as will appear later. The name of these composite creatures is certain from an inscription of this king Nebuchadnezzar, who was responsible for them:

> "I pulled down those gates, and next to the water I laid new foundations with pitch and fired bricks. With bright-blue bricks on which bulls and *mušḫuššu* were depicted I had them skillfully built." (*VAB* IV [3], 132, v 64 ff.).

Another of his inscriptions tells how at other gates bulls and *mušḫuššu* cast in bronze in the round were placed:

> "At the sides of its gates I set up fierce bronze bulls and savage *mušḫuššu*." (*op. cit.*, 72,19 ff., etc.).

The purpose of these *mušḫuššu* by gates is suggested by an inscription of one of Nebuchadnezzar's successors, Neriglissar (B.C. 560-556):

> "I cast seven bronze savage *mušḫuššu*, who spatter enemy and foe with deadly venom." (*op. cit.*, 210, i 26 f.).

Presumably, then, these creatures were guarding the gates against enemy attack. These inscriptions offer no similar information about the juxtaposed bulls.

[1] The Sumerian word means "savage snake". Though ḫuš/ruš may also mean "red", in the coloured representations on the Ishtar Gate at Babylon the creature is not in fact red.

[2] R. KOLDEWEY, *Das wieder erstehende Babylon*, Abb. 31.

[3] S.H. LANGDON, *Die neubabylonischen Königsinschriften*.

Another reason for the use of these composite creatures at the gates of Babylon has been commonly assumed. The *mušḫuššu* was an animal associated with Marduk, city god of Babylon, in both art and inscriptions. He was Marduk's symbolic animal. This is attested for Nebuchadnezzar II in the passage in his inscriptions which speaks of the building of Marduk's special boat:

"... its sides, spades and *mušḫuššu* I covered with gold." (*op. cit.*, 156, v 22 f.).

(The spade, with a pointed blade and looking rather like a spear, was another symbol of Marduk). However, the bull was not a symbol of Marduk, but of Adad, the storm god, so it is not certain that the *mušḫuššu* at Babylon's gates were selected as the symbols of the city god. It may have been chosen for its protective powers alone.

Further Late Babylonian evidence for the *mušḫuššu* as the symbol of Marduk comes from a common type of stamp seal, e.g. L. DELAPORTE, *Catalogue des cylindres orientaux ... de la Bibliothèque Nationale* nos. 597-603. Typically it shows a worshipper before a stand on which lies a recumbent *mušḫuššu* with the spade of Marduk and two styluses rising from his back. The styluses are a symbol of Nabû, as known from textual mentions[4]. Nabû at this period was considered son of Marduk, so the composite animal is used in the family. There are textual references to Nabû riding on the *mušḫuššu*[5].

Late Assyrian evidence confirms and parallels the dual function of the Late Babylonian *mušḫuššu*. At entry (a) of the North Palace in Nineveh of Ashurbanipal (B.C. 669-627), a sculptured slab on the wall depicted an upright *mušḫuššu* followed by another upright composite figure: a man above the waist, a lion below. The slab itself has disappeared, but a drawing by W. Boutcher survives[6]. There should have been a matching slab from the other side of the entrance, but that had disappeared before the excavations took place. As on the gate at Babylon, the *mušḫuššu* here was clearly chosen for its power to keep enemies out. But it also appears in Late Assyrian times as the symbol of a god. In the Bavian rock sculptures of Sennacherib (B.C. 705-681)[7], both in the big relief and in the smaller upper relief, the god Aššur holding rod and ring in the left hand stands on the backs of two animals: a *mušḫuššu* fully visible and a horned lion, to judge from the head that shows from behind the other creature. The Maltai reliefs[8], most probably of Sennacherib, if not, of his son and successor Esarhaddon, show a procession of seven deities standing on the backs of animals. All but the fourth are certainly identified: Aššur,

[4] See M. San Nicolò, *Orientalia NS* 17, 289 for textual confirmation, and U. SEIDL, *Baghdader Mitteilungen* 4, 121 ff. for depictions of the object.

[5] W.G. LAMBERT, *Festschrift Lubor Matouš* II, 93 note on A 7, and the passages quoted there, in addition to the dictionaries.

[6] R.D. BARNETT, *Sculptures from the North Palace of Ashurbanipal at Nineveh (668-627 B.C.)*, pl. liv.

[7] W. BACHMANN, *Felsreliefs in Assyrien* (= *WVDOG* 52), pls. 7-12; T. JACOBSEN and S. LLOYD, *Sennacherib's Aqueduct at Jerwan* (= *OIP* 24), pl. 33.

[8] R.M. BOEHMER, *Jahrbuch des deutschen Archäologischen Instituts* 90, 58 ff.

Ninlil, Sîn, ..., Šamaš, Adad and Ishtar. Aššur rides on the same two animals here as at Bavian. But the fourth, unidentified god in on the back of a *mušḫuššu* alone. There is almost nothing in the depiction to help with his identification, so the evidence of lists of gods from appropriate inscriptions of Sennacherib and Esarhaddon must be used. From such material Thureau-Dangin in 1924[9] pointed to Anu and Enlil as possibilities for the uncertain gods, which for him included the third one, now certainly identified as Sîn from the crescent above his head. From two Sennacherib inscriptions not used by Thureau-Dangin, *OIP* 2, 142-143 I 4 and I 5, Anu is the most likely.

The Zencirli stele of Esarhaddon (B.C. 681-669)[10] similarly shows Aššur riding on the same two animals and three other anthropomorphic deities mounted on animals: two certainly being Ninlil and Adad, the other one, riding the *mušḫuššu*, is obviously the same god as the least certain one shown on the Maltai reliefs, so probably Anu.

One difficulty in interpreting this material is the lack of earlier, comparable Assyrian representations of the great gods. But, on the assumption that these symbolic animals were assigned to their associated gods in accordance with Sennacherib's ideas, things are reasonably clear. He destroyed the city of Babylon, including the temples, and carried off to Assyria, virtually as prisoner, the statue of Marduk. His aim was to replace Marduk, as head of the Babylonian pantheon, with Aššur, the chief god of Assyria. This required a large amount of theological and cultic change. For example, Marduk was reinstated as king of the gods annually in rites in the Akitu house, just outside the walls of Babylon, in the course of the New Year festival. Sennacherib rebuilt a ruined Akitu house outside the Assyrian town Assur and commenced within it similar rites for the god Aššur. Thus when one finds the god Aššur on two symbolic animals starting from Sennacherib's monuments, the one being the *mušḫuššu*, it may be suspected that the one was formerly Marduk's and had been assigned to a new master. Anu at this period was generally considered Marduk's grandfather, and there appears to be no earlier evidence of his being associated with the *mušḫuššu*. However, his standing at the time of Sennacherib would have given no cause for concern to pro-Assyrian, anti-Babylonian theologians in Assyria, so it is possible that, unknown to us, there was an earlier tradition of Anu's association with the *mušḫuššu*.

Assyria in any case is not Babylon, so Assyrian evidence must be used with caution when considering Babylonian symbols. The next, earlier Babylonian evidence occurs on a gigantic cylinder seal of lapis, 190 × 35 mm[11]. It was Marduk's own seal, presented to him, as the inscription on it declares, by "Marduk-zākir-šumi, king of the world." Two kings of Babylon bore this name: the first who reigned for more than a quarter of a century in the second half of the 9th century

[9] *RA* 21, 185 ff. See also J. Reade, *Iranica Antiqua* 12, 33 ff.

[10] *Propyläen Kunstgeschichte*, W. Orthmann, *Der alte Orient*, pl. 232.

[11] F. Wetzel *et al.*, *Das Babylon der Spätzeit* (= *WVDOG* 62), pl. 43 f.

B.C., and the second who reigned for one month during the year 703 B.C. The seal is one of a pair: the other, also of lapis and 125 × 32 mm [12], belonged to Adad of Babylon, a local variant of the ancient Mesopotamian storm god. There are either two or three inscriptions on this seal. The one commences "Property of Marduk" but the second line was begun with an upright wedge and was not continued. The third and fourth lines read: "Seal of Adad of Esagil," the latter being Marduk's temple in Babylon. These four lines are in similar script and give an impression of unity despite the incomplete line 2. The other inscription runs from top to bottom, the traditional direction for seal inscriptions, unlike the four-line one, which runs from bottom to top. It consists of two lines only, and records that the object was dedicated to Marduk by Esarhaddon, king of Assyria (B.C. 681-669). The unusual size, the similar glyptic, and that it is in relief not intaglio, show that these are a pair. Each depicts the god standing on a base with recumbent symbolic animal at his feet. Marduk's is the *mušḫuššu*, and the god holds a ring and short rod in the right hand and a scimitar in the left [13], which were presumably meant to help further in giving his identity. The base is marked with wavy lines, no doubt indicating water and alluding to his victory over the Sea (Tiāmat), by which he had become king of the gods [14]. In Neo- and Late-Babylonian times Adad was equated with Marduk (see Enūma Eliš VII, 119), so no problem arises from a seal of Adad being the property of Marduk. The precise date of these seals' manufacture is unknown, since the inscription of Esarhaddon may have been added later, and it is uncertain which Marduk-zākir-šumi is meant. But they belong somewhere between 850 and 700 B.C. The rod and ring can be held by a variety of gods, so that they are ambiguous as a marker, but we must return to them later.

From the time of Melišipak (B.C. 1187-1172) and onwards the *mušḫuššu* occurs on boundary stones [15], associated with the spade of Marduk and the stylus of Nabû, so confirming its association with these gods. Apart from boundary stones, the *mušḫuššu* appears in the Cassite period on a round clay stand excavated in Babylon in a Cassite-period stratum [16]. It cannot be dated by any other criterion, since it is unique. On either side there is an opening like a doorway, and each is guarded by a pair of creatures. On one side they are standing *mušḫuššu* holding spades. Here it seems that the two functions of the *mušḫuššu* are combined: to guard entrances and to represent Marduk.

In the Old Babylonian period (c. 2000-1600 B.C.) the *mušḫuššu* is most usefully depicted on cylinder seals, since it usually appears with a deity and assists to

[12] *Op. cit.*, loc. cit.

[13] It is curious, though not without parallel, that texts do not seem to mention together the "rod and ring", despite their frequent occurrence in art. "Ring" is no doubt *kippatu*, but, as can be seen from passages in the dictionaries, it is associated in texts with more than one other related object, so that the "rod" is not certainly identified in Akkadian. The "scimitar" is presumably the *gamlu*, which is identified as a symbol or weapon of Marduk in late astronomical and astrological texts, see the dictionaries.

[14] See W. G. LAMBERT, *Iraq* 25, 189 f.

[15] See U. SEIDL, *Baghdader Mitteilungen* 4, 190 f.

[16] O. REUTHER, *Die Innenstadt von Babylon* (= *WVDOG* 47), pl. 7b.

identify that deity. Eleven seals listed below are relevant, of which five, show a seated deity, six a standing god, and in four clear cases the god is further identified by his holding a rod and ring. In two further cases he seems to be holding these objects, but due to lack of clear impressions of wear of the stone this is not certain. Once he holds the rod alone, once a cup, and twice he holds nothing. One seal is damaged at the vital point and so gives no evidence on this matter. A twelfth Old Babylonian seal has a clear *mušḫuššu* under an inscription panel and so cannot be used further.

| | *Position* | *Holding* | *Source, and other information* |
|---|---|---|---|
| 1) | Seated | rod and ring | H. CARNEGIE, *Catalogue of the Collection of Antique Gems formed by James Ninth Earl of Southesk K.T.*, II pl. v Qb 18. Seal belonged to a servant of Šamši-Adad. (Now in the British Museum: BM 129511.) |
| 2) | Seated | rod and ring | L. DELAPORTE, *Catalogue des cylindres orientaux ... de la Bibliothèque Nationale*, no. 132. |
| 3) | Seated | rod and ring(?) | *CANES* 389. Worn away by the raised hand. |
| 4) | Seated* | (broken) | H. FRANKFORT, *Stratified Cylinder Seals*, no. 432. Found at Khafaje in the Diyala region, with inscription naming ruler of Ešnunna. |
| 5) | Seated* | cup | H. FRANKFORT, *Cylinder Seals*, p. 163. |
| 6) | Standing | rod and ring | A. MOORTGAT, *VR* no. 396. Found at Assur. |
| 7) | Standing | rod and ring+ | A. MOORTGAT, *op. cit.* no. 498. |
| 8) | Standing | rod and ring(?) | B. BUCHANAN, *Early Near Eastern Seals in the Yale Babylonian Collection*, no. 902. Worn. |
| 9) | Standing | nothing+ | *CANES* 387 |
| 10) | Standing | nothing+ | *CANES* 388 |
| 11) | Standing | rod alone | B. BUCHANAN, *op. cit.* no. 1031. |
| 12) | (*Mušḫuššu* without god) | | *RA* 57 176 2. |

* Two, not one *mušḫuššu*.
+ Scimitar held in other hand.

Because Marduk's own Neo-Babylonian seal shows him with a *mušḫuššu* at his feet and holding rod and ring in one hand and a scimitar in the other, it is tempting to assume that in this earlier, Old Babylonian material the same god must be meant. (Where a god is seated, only one hand can hold an identifying object, so the relative infrequence of the scimitar is not significant.) Unfortunately both rod and ring and scimitar are often held by gods other than Marduk in both periods, so the similarities are not conclusive. Also no. 4) was excavated in the Diyala region and bears the name of a ruler of Ešnunna, where, as will be shown shortly, the *mušḫuššu* was associated with gods other than Marduk. And the servant of Šamši-Adad who owned no. 1) might well have lived in the same area; certainly he did not live in or around Babylon. The strongest argument for taking the figure as Marduk is that one could expect such an important god of the period to appear somewhere in glyptic. No other type of deity in this period can be claimed as Marduk. Though the spade was his symbol at this time, he is never shown holding it, perhaps because as a god he would look undignified holding a labourer's tool.

The only earlier body of evidence for the *mušḫuššu* comes from Old Akkadian cylinder seals and impressions thereof, so c. B.C. 2300-2200. No less than eight show a standing or walking *mušḫuššu* with a deity enthroned or standing on its back, see R.M. Boehmer, *Die Entwicklung der Glyptik während der Akkad-Zeit*, figs. 565-572[17]. Most often the deity holds a mace, or even two, but that is no help with identification. Two were excavated at the ancient Ešnunna (567, 571), in the Diyala region. The first of these two bears an inscription beginning, "Tišpak, warrior of the gods," naming the chief god of the city of Ešnunna. Two others, 565 and 566, also bear inscription beginning with exactly the same line, though the objects have no known pedigree. A fifth one, 570, also bears an inscription, but addressed to an unknown Iba'um. However, the owner's son is named Ur-Ninazu, and Ninazu was another name of Tišpak in Ešnunna, though he was also city god of a place called Muru. No. 568, which bears an inscription consisting of two mens' names, was excavated at Tell Brak[18], a place in the upper Habur region. No. 569, uninscribed, was excavated at Kish, and no. 572, similarly uninscribed, has no provenance. While it cannot be claimed as completely decisive, the evidence strongly suggests that in Old Akkadian times the *mušḫuššu* was a symbol of Tišpak, god of the town of Ešnunna.

From a little later than the Old Akkadian period, c. 2150 B.C., there survives the well known vase of Gudea[19], ruler of the town of Lagash, in Sumer. In relief around its sides are two standing composite creatures holding the so-called gate-posts (poles with rings toward the tops). Between the creatures are two intertwined snakes. The inscription on this vase does not name the composite creatures, but they resemble the *mušḫuššu* except that they are winged and spotted. The object is dedicated, according to the inscription, to Ningišzida, the personal god of Gudea. On impressions of Gudea's personal seal which remain, this winged and spotted muš-ḫuš is shown walking, while Gudea is introduced to the god Enki (to judge from the spouting jars around him) by his personal god, who is depicted with the head of a *mušḫuššu* rising from each shoulder[20]. In Gudea's inscriptions Ningišzida is son of Ninazu, and the two are similar in having netherworld associations. So as with Marduk and Nabû of Babylon, Ninazu and Ningišzida as father and son share

[17] VAN BUREN's view (*Orientalia NS* 15, 8) that 566 is the seal of which 567 is the impression cannot be sustained. Apart from details of the glyptic, the inscription of 567 makes the owner a "scribe" (dub-sar), while that of 566 makes its owner a "book-keeper" (sag-su$_{18}$). However, the two are certainly very similar and might have come from the same workshop.

[18] This is now in the British Museum, BM 126368. By our collation the inscription reads: *šu-$^{d}$addi, be-li-ṭāb*(dùg).

[19] *Propyläen Kunstgeschichte*, W. ORTHMANN, *Der alte Orient*, pl. 119.

[20] L. DELAPORTE, *Musée du Louvre, Catalogue des cylindres*, I, T 108 on p. 12 and pl. 10.

an association with the *mušḫuššu*, though details of the creature differ as between Lagash and the more northerly towns of Ešnunna and Babylon.

In the inscriptions of the same Gudea Ningišzida is also called "first son of An" (Cylinder B, xxiii 18). The seeming contradiction is no doubt to be harmonized by making An the prime ancestor, Ninazu his son, and Ningišzida son of the latter. This item then raises the question whether the god riding the *mušḫuššu* in the Late Assyrian reliefs, whom we identify as Anu, might not be associated with the creature as being in the same family circle with Tišpak/Ninazu and Ningišzida. The gap of some 1500 years between Gudea and Sennacherib, and the distance on the ground, clearly prevent an affirmative answer being given. But the matter is at least possible. So far as An of Uruk is concerned, had there been any association with the *mušḫuššu*, one could have expected some trace of it to have come to light by now. Uruk and other cities in the neighbourhood have been much excavated. But there was another variant of the same god in Der, in the Diyala region, a city whose site is known but which has never been excavated. This Anu also bore the name Ištarān, and was cited as "great An"[21]. It is at least possible that in the Diyala region the local Anu was down the centuries associated with the *mušḫuššu* and was so known in Assyria. The Diyala was of course close to Assyria compared with Uruk.

Gudea's inscriptions also attest the *mušḫuššu* in the function it had on the gates of Babylon. Cylinder A describes his building, or rather rebuilding, of Ningirsu's temple Eninnu, and on the bolts of the gates "vipers and *mušḫuššu* put out their tongues to bulls" (xxvi 24-25). The combination of these two animals to guard entrances thus attested in Gudea of Lagash and in Nebuchadnezzar II of Babylon is a striking testimony to continuity in ancient Mesopotamia of the use of these creatures[22].

Thus there is no simple pattern to be found in the occurrence of the *mušḫuššu* in ancient Mesopotamia. With a bull (or lion-man in Assyria) he guards gates. Alone he is associated with two distinct divine pairs of father and son. So far as can be judged from surviving evidence, Marduk and Nabû have nothing much in common with Ninazu and Ningišzida, so it seems not to be a case of a particular composite creature being associated with a particular type of deity. We have spoken

[21] See *Reallexikon der Assyriologie*, V, 211.

[22] The *mušḫuššu* occurs in a group of monsters in a variety of contexts such as Enūma Eliš I, 141 ff. and parallel passages (Tiāmat's monsters), Šurpu VIII 6-7 (cf. *Archiv für Orientforschung* 19, 122), etc. It is known that they were depicted as a group in more than one place in Babylon (e.g. Enūma Eliš V 75), but there is no clear and uniform understanding of them in ancient texts. Forms of the group appear in rituals which instruct that clay models of the various monsters should be buried at the doorways of houses to protect the house, see O. R. GURNEY, *Annals of Archaeology and Anthropology* 22, 31 ff. and D. RITTIG, *Assyrisch-babylonische Kleinplastik magischer Bedeutung (Münchener Vorderasiatische Studien*, ed. B. HROUDA, I) 151 ff. This is of course similar to the use of the *mušḫuššu* and bull, or viper, *mušḫuššu* and bull, in the cases of Nebuchadnezzar the second's Babylon and Gudea's Eninnu. However, this parallel is limited in two respects. First, while the groups normally include the viper and *mušḫuššu*, the bull does not appear. Secondly, the totally different function of the group in e.g. Enūma Eliš—as Tiāmat's army, to be defeated by Marduk—shows that guarding entrances was not their only function.

of the creature as a 'symbol' of the deities in question, following current terminology. We have not thereby committed ourselves to any particular theory of these divine 'symbols'. Some hold that they are survivals of a pre-anthropomorphic concept of deities[23], but evidence for this is by no means clear and certain. In historical times symbols could replace the anthropomorphic statue in many practical functions. The statue was so holy (and valuable) that it could not be taken to court sessions for oath taking. Symbols in contrast could be multiplied at will and be put to any such use. Similarly anthropomorphic depictions of gods could not easily be differentiated in small scale art, while symbols are rarely confusible even in the crudest depictions. With sufficient evidence there is no problem in describing the form and functions of divine 'symbols' in historical times, but origins are very uncertain and obscure. The first step in such study must be to collect all the evidence, iconographic and written, for each 'symbol' and to understand it within its own context. When this has been completed for each one, it may then be possible to discern some patterns within the whole body of evidence which lead to certain conclusions about origins. So far that stage has not been reached.

## BIBLIOGRAPHY

Literature up to 1966 and a classified list of ancient depictions of the monster in question are given by U. SEIDL in *Baghdader Mitteilungen* 4, 187ff., but textual evidence is not generally used. There is no similar collection of the textual passages outside the dictionaries of Akkadian (*The Assyrian Dictionary of the Oriental Institute of the University of Chicago*, Vol. M, Part 2, 270f., and W. VON SODEN, *Akkadisches Handwörterbuch*, Vol. 2, 683). The most recent discussion of the monster, chiefly from depictions, is that of D. KOLBE, *Die Reliefsprogramme religiös-mythologischen Charakters in neuassyrischen Palästen. Europäische Hochschulschriften, Reihe 38 Archäologie*, Bd. 3, 123-131.

[23] E.g. T. JACOBSEN, *The Treasures of Darkness*, 9.

# LE ZOOMORPHISME DANS LA RELIGION HITTITE

René LEBRUN

1. Dès les temps les plus reculés on constate l'existence en Asie Mineure de représentations animalières auxquelles on prête souvent une signification religieuse (par exemple Çatal Hüyük ou Hacilar, soit 5500-6000 av. J.-C.). Il s'agit de représentations picturales de cerfs, de taureaux, de vautours ou de félins, on trouve aussi des ébauches sculpturales des mêmes types d'animaux ou encore des vases rituels thériomorphes en céramique. Des vestiges de cornillons d'aurochs ou de taureaux ont été retrouvés dans des salles-sanctuaires du niveau VI de Çatal Hüyük. Par conséquent, le taureau-auroch, le cerf, le félin, le vautour sont autant d'animaux qui polarisent la sensibilité religieuse de ces populations; la religion se structure autour des forces évoquées par ces animaux. Les représentations anthropomorphiques étaient limitées au type de la déesse-mère; son image était celle d'une femme enceinte, accouchant ou s'accouplant. En dehors de ce cas précis, le zoomorphisme dominait donc.

2. Plus tard, la signification religieuse des mêmes types d'animaux ressort des découvertes effectuées à Alaca Hüyük. Celles-ci ont révélé des objets datant de quelque 2300 av. J.-C.; ce sont donc de bons représentants de la vie cultuelle des Hattis ou Proto-hittites qui avaient séduit les envahisseurs indo-européens lors de leur phase d'installation en Anatolie centrale durant la seconde moitié du troisième millénaire. Les animaux représentés de manière caractéristique sont essentiellement le cerf, le taureau (cerf et taureau sont parfois associés dans une même représentation), le félin et certains oiseaux souvent assimilables à la colombe[1]. Les artistes hattis ont évoqué des animaux sauvages et non des animaux domestiques par ces objets religieux qui connaîtront une continuité dans la tradition religieuse des Hittites. Le taureau doit être classé parmi les animaux sauvages par opposition à la vache ou au bœuf tous deux domestiqués. Comme l'a bien observé E. Laroche, seuls les fauves (hitt. *suppala*) appartiennent au monde sacré par nature[2]. L'animal domestique (ovin, chien, porc, bœuf, vache, chèvre) appartient aux hommes mais l'animal sauvage est la propriété des dieux. Au milieu du troisième millénaire, on se trouve encore à une époque où tel animal sauvage s'identifie totalement à un dieu déterminé; l'animal était vraiment divin et possédait une liberté, une force, voire

[1] Voir de bonnes reproductions de ces animaux dans K. BITTEL, *Les Hittites. L'univers des formes.* Paris 1976, 35 à 41.

[2] Voir E. LAROCHE, *Dictionnaire des mythologies.* Paris 1979, rubrique *Animaux. Le zoomorphisme èn Anatolie hittite* = tirage à part p. 26. Hitt. *suppala* < **suppai-al-a*, soit un dérivé en *-al-* au nom./acc. n. pl. de l'adjectif *suppi-* «sacré». Voir aussi R. LEBRUN, *Les Hittites et le sacré. Homo religiosus* 1, Louvain-la-Neuve 1978, 160.

une supériorité sur l'homme qui donnait à penser que le dieu s'irradiait dans l'espèce animale[3]. Le zoomorphisme triomphait logiquement.

3. Ces mêmes dieux animaux se retrouvent dans l'Anatolie hittite. Un changement de conception s'est toutefois opéré en raison du génie proprement hittite et des influences mésopotamiennes relatives aux dieux. Le concept «être divin» s'anthropomorphise; les dieux sont imaginés tels des super-rois et leur être spirituel habite dans le ciel, en des lieux lointains et mystérieux ou encore dans les régions infernales. Dès lors, l'animal ne devient plus qu'un symbole, un attribut du dieu ou un auxiliaire de celui-ci. La forme de l'animal sert à la confection de l'idole thériomorphe, le réceptacle terrestre pour l'esprit divin, un réceptacle qui suggère ou évoque les origines mêmes du dieu et de son culte. Il en allait de même pour les rhytons thériomorphes que les Hittites qualifiaient d'âme des dieux[4].

4. Passons maintenant à l'examen des animaux sacrés rencontrés dans la religion hittite tout en nous attachant à souligner, le cas échéant, la continuité de leur culte aux périodes post-hittites.

a. *Le taureau*

Le taureau est le symbole de la vigueur décuplée, de la procréation. À l'origine, il était l'incarnation même de la masculinité, de la puissance virile. Il devint le symbole même du dieu de l'orage[5]. Peut-être est-ce le caractère impétueux et guerrier du dieu de l'orage qui a provoqué son identification au taureau en même temps que, comme l'a suggéré le Professeur Lambert, le beuglement de ce dernier est le symbole de l'orage[6]. Une autre raison serait à rechercher dans le cadre précis du monde anatolien: les taureaux aimaient gambader dans les montagnes de l'Anatolie centrale, le lieu de séjour privilégié du dieu de l'orage[7]. Ces faits sont abondamment illustrés par les textes aussi bien que par les documents archéologiques comme nous allons le prouver.

1) Les dieux anatoliens sont souvent représentés sur le dos d'un animal devenu leur totem; ainsi, le dieu de l'orage se tient-il debout sur un taureau.

2) Sur le relief rupestre d'Imamkulu (13e s. av. J.-C.), nous voyons le dieu de l'orage debout sur son char tiré par deux taureaux bondissant sur trois montagnes

[3] Nous constatons, par exemple, le même phénomène dans la religion grecque primitive. Au stade chtonien, les dieux adorent se manifester dans des corps d'animaux, cf. W. F. OTTO, *Les dieux de la Grèce*. Paris 1981, 156.

[4] Voir R. LEBRUN, *Les Hittites et le sacré*, 187.

[5] Son autre symbole attribut est la foudre. Le taureau est notamment le symbole du dieu Adad tout comme il est aussi celui de Zeus; il semble ainsi y avoir équation entre le concept «dieu de l'orage» et «taureau».

[6] Idée émise par le Professeur W. G. LAMBERT lors des cours publics organisés par le CEPOA durant l'année académique 1980-1981.

[7] Voir E. LAROCHE, *Les noms des Hittites*. Paris 1966, 275: «...Sous la pression de conceptions anthropomorphes, le culte naturiste se dédouble, à l'époque historique, en un dieu de l'orage + une montagne et une déesse-mère + une source (ou une rivière)». Lors d'un orage en Anatolie, on a de fait l'impression que chaque fois que la foudre tombe, elle aboutit sur un sommet montagneux.

soutenues par des génies. Une représentation assez parallèle se trouve dans un relief néo-hittite de Malatya[8].

3) Plusieurs sceaux montrent le dieu de l'orage en tenue guerrière debout sur le taureau[9].

4) À Alaca Hüyük, sur les orthostates entourant la porte aux sphinx (13e s. av. J.-C.), nous observons le couple royal en train de sacrifier au dieu de l'orage représenté par son idole, le taureau[10].

5) À Yazīlīkaya (13e s. av. J.-C.), sur la scène centrale du relief rupestre évoquant le panthéon hittite officiel, le couple principal (Teshub + Hébat) est représenté en compagnie de ses enfants dont se détache en premier lieu le dieu fils Sarrumma qualifié de *Tešub-bi ḫubiti*: «veau de Teshub», ce qui confirme la nature de «taureau» de son père, le dieu de l'orage hourrite Teshub[11].

6) Les inventaires religieux datant de Tudhaliya IV (1250-1220 av. J.-C.) décrivent certaines idoles locales du dieu de l'orage; tantôt le dieu est représenté sous la forme d'un guerrier, tantôt sous celle d'un taureau en bois, debout sur ses quatre pattes avec, le cas échéant, la tête recouverte d'une feuille d'or ou d'argent ainsi que la poitrine. Le taureau pouvait aussi être en fer[12].

7) On connaît l'importance des rhytons dans les cultes du Proche-Orient, dans le culte hittite en particulier. Bon nombre de rhytons présentent la forme d'un taureau. Les textes cultuels insistent aussi sur le fait que ce type de vase est la propriété exclusive du dieu de l'orage et est pratiquement lié à lui[13].

8) Il n'est pas interdit de reconnaître une représentation prophylactique ou symbolique du dieu de l'orage dans le bovin ou dans la tête de bovin figurant sur tant de sceaux hittites apparemment à titre purement ornemental[14].

[8] Voir K. BITTEL, *Les Hittites*, 182, pl. 203; pour Malatya, voir le relief K, par exemple chez M. VIEYRA, *Hittite Art*. Londres 1955, pl. 62: offrande du roi Sulumili au dieu de l'orage. Le roi effectue la libation tandis qu'un serviteur se trouve derrière lui avec un bovin (taureau?) prêt pour le sacrifice.

[9] Cf. H. G. GÜTERBOCK, *Siegel aus Boğazköy* I et II. Berlin 1940-1942, *passim*.

[10] Voir K. BITTEL, *Les Hittites*, 191, pl. 214.

[11] Voir K. BITTEL, *Les Hittites*, 209, pl. 239; Sarrumma est présenté sous la forme d'un veau à côté de son père Teshub; l'inscription hiéroglyphique quelque peu abîmée se trouve juste devant le veau. Pour la lecture de l'inscription, cf. E. LAROCHE, *Revue hittite et asianique* (*RHA*) 84-85 (1969), 67-69.

[12] Voir les descriptions d'idoles de *KUB* XXXVIII 1 I 29-35; 2 II 14-16, III 9-11; 3 I 1-4; 7 22'.

[13] Relevons l'importante fête des rhytons à Hattusa. Belle reproduction d'un rhyton en argent du XIIIe s. av. J.-C. dans K. BITTEL, *Les Hittites*, 165, pl. 178. L'occasion se présente de mentionner ici la belle paire de taureaux harnachés en céramique lustrée trouvée à Boğazköy (haut. 90 cm); on les date aujourd'hui du XVe ou XVIe s. On reconnaîtra volontiers dans ces taureaux les animaux chargés de tirer le char du dieu de l'orage. Ils avaient dû faire l'objet d'un culte particulier car ils avaient été inhumés rituellement et, vu leur taille, ne devaient pas servir à boire. Ces pièces étaient plutôt des objets de culte et l'ouverture pratiquée dans le dos était destinée à recevoir des libations que rencontrait directement l'esprit divin. Si on s'accorde à reconnaître dans ces deux taureaux ainsi que dans d'autres fragments de taureaux de typologie identique, les dieux hourrites *Šeri* et *Ḫurri*, deux serviteurs de Teshub auxquels les gens avaient volontiers recours comme intermédiaires auprès de leur maître, nous serions favorable à ramener la datation de ces pièces à l'Empire hittite car antérieurement le panthéon hittite n'était pas suffisamment hourritisé. Reproduction de la paire de taureaux dans K. BITTEL, *Les Hittites*, 151, pl. 156; tête de taureau harnaché de Tokat et autres fragments de taureaux appartenant peut-être à des rhytons, p. 152 et 153, pl. 157 à 159.

[14] Voir état de la question chez E. LAROCHE, *Les hiéroglyphes hittites I (HH)*. Paris 1960, 66-67.

9) À l'époque néo-hittite, le dieu de l'orage se présente plus comme un prince que comme un guerrier; il a perdu son caractère impétueux et sauvage. C'est sous cette forme que nous l'identifions dans les reliefs de Malatya. Au terme de cette évolution se situe le «*Jupiter Dolichenus*» de Commagène figuré en tant que général vainqueur, porteur de la foudre et debout sur le taureau; dans ce cas réapparaît le caractère impétueux du dieu.

b. *Le cerf*

Le dieu cerf occupe sans conteste la seconde place. Chez les Hittites, l'animal est habituellement surmonté d'un dieu. Il semble assuré que le cerf est le totem-symbole d'une catégorie de dieux protecteurs que les théologiens hittites désignaient à l'aide du sumérogramme $^{d}$KAL qui pouvait donc recevoir plusieurs lectures. Ces dieux-cerfs sont en tous cas des dieux de la forêt, protecteurs de la végétation et du gibier; beaucoup de précisions quant à leurs différents noms, leurs fonctions doivent encore être apportées. Notons que la chasse au cerf est liée à des scènes cultuelles de sorte que le cerf se présente à la fois comme animal sacrifié et comme animal déifié. Son culte connut une extraordinaire continuité depuis la plus haute antiquité anatolienne[15]. Dans les listes impériales officielles, les $^{d}$KAL sont mentionnés à la suite des dieux de l'orage et des «Soleil».

1) À Yazīlīkaya, le relief n° 32 représente clairement un $^{d}$KAL dont le nom est indiqué par l'ensemble hiéroglyphique $^{d}$RAMURE-*ti* dont la lecture phonétique demeure inconnue. Il en ressort cependant qu'il existe l'hiéroglyphe du cerf ou de la tête de cerf pour désigner un dieu protecteur[16].

2) À Yeniköy un beau relief de stéatite datable du 14$^{e}$ ou 13$^{e}$ s. av. J.-C. nous montre un dieu debout sur le dos d'un cerf à identifier probablement avec un $^{d}$KAL[17].

3) Plusieurs rhytons en forme de cerf ont été retrouvés principalement à Hattusa. Réalisés en céramique ou en argent, ils représentent souvent le cerf en position accroupie[18].

4) Le cerf figure encore dans plusieurs scènes de chasse ou dans des motifs animaliers, par exemple à Alaca Hüyük, à Kargémish ou à Zendjirli. Le thème ornemental du cerf se rencontre aussi dans la céramique d'Alishar aux 9$^{e}$ et 8$^{e}$ s. avant notre ère.

5) Dans les recensions cultuelles ordonnées par le roi Tudhaliya IV, les $^{d}$KAL sont normalement représentés par un homme debout tenant un «arc» dans la main

Le bovin figurant sur un sceau hittite inédit du Musée de Genève que nous avons pu examiner, pourrait être un simple symbole du dieu de l'orage.

[15] Pour le thème du cerf dans l'iconographie anatolienne, voir P. Crepon, *Hethitica IV*, Louvain-la-Neuve (1981), 117-155. Pour le lien entre chasse et culte, cf. H.G. Güterbock, *AnSt.* VI (1956), 54-55.

[16] Voir E. Laroche, *HH*, 63-64.

[17] Voir K. Bittel, *Les Hittites*, 212, pl. 247.

[18] Voir K. Bittel, *Les Hittites*, 165, pl. 178.

droite, un aigle et un lièvre dans la main gauche[19]. Ce fait peut être mis en relation avec certains thèmes iconographiques, notamment le relief G de Malatya où nous observons le dieu $^{d}$X-RUWA? LUGAL-*tá*, soit un dieu cerf honoré d'une libation par le roi local Sulumili[20]. Le lièvre et l'aigle sont deux animaux parfois associés au cerf; ainsi un aigle se trouve sur le dos d'un cerf sur le relief d'une boîte à onguent néo-hittite[21].

Il est remarquable de constater que le rôle cultuel du cerf se prolongea jusqu'en pleine époque romaine où il était habituellement lié à l'aigle. La déesse Artémis semble avoir conservé quelques traits caractéristiques du $^{d}$KAL.

c. *Le fauve*: lion, lionne et léopard

Le lion si abondamment attesté dans l'iconographie hittite paraît avoir été associé aux dieux guerriers désignés la plupart du temps à l'aide du sumérogramme $^{d}$ZA.BA$_4$.BA$_4$. À ce titre le lion protège la ville contre l'ennemi potentiel. Nous découvrons ainsi, dans sa fonction apotropaïque, le lion rugissant à l'entrée d'une des portes de la capitale Hattusa ou, plus tard, à l'entrée des palais néo-hittites. La thématique du lion se rencontre dans toute une série d'autres documents dont voici un relevé sommaire.

1) La glyptique syro-anatolienne utilise fréquemment le motif du lion en balade.

2) À Kargémish, les ruines du 9$^{e}$ s. av. J.-C. nous montrent un lion rampant et rugissant surmonté par deux divinités dont l'une, ailée, fait songer à Ishtar/Shaushka[22].

3) Une bague-sceau datant d'environ 1300 av. J.-C. révèle une divinité ailée debout sur un lion et entourée de deux lions plus petits; ici aussi il s'agirait de la divinité hourrite Ishtar/Shaushka dans sa fonction guerrière et donc de sexe masculin qui, dans le monde mésopotamien, est qualifiée précisément de lion ou de lionne. Le motif de cette bague doit être rapproché de la représentation de Shaushka trouvée dans le relief rupestre de Yazīlīkaya ou dans les descriptions et recensions d'idoles[23].

4) Précisément les recensions de Tudhaliya IV attestent que les idoles d'Ishtar/Shaushka se présentent sous la forme d'un homme ailé debout sur un lion. Le dieu de la guerre ZA.BA$_4$.BA$_4$ y est décrit comme un homme debout sur un lion, armé d'une masse dans la main droite et tenant un bouclier dans la main gauche. La

[19] Par exemple *KUB* XXXVIII 1 II 1-6; 2 II 24-III 4; KUB XXXVIII 19 + IBoT II 102 9-10.

[20] Bonne photo du bas-relief dans M. RIEMSCHNEIDER, *Die Welt der Hethiter*. Zurich 1954, pl. 49, partie inférieure; la légende de la photo doit être corrigée car le dieu n'est manifestement pas un dieu de l'orage, ce que reconnaît le bref commentaire de l'auteur à la p. 242. Le dieu qui est un grand dieu à en juger par le nombre de cornes de sa tiare porte un arc sur l'épaule droite. Voir L. DELAPORTE, *Malatya*. Paris 1940, pl. XXII 1. Analyse de la scène et de l'inscription hiéroglyphique chez P. MERIGGI, *Manuale di eteo geroglifico*. II Testi 2ª e 3ª serie. Rome 1975, 53 et 54 nº 109.

[21] Voir M. RIEMSCHNEIDER, *Die Welt der Hethiter*, pl. 104.

[22] Voir K. BITTEL, *Les Hittites*, 252, pl. 285, 286.

[23] Voir K. BITTEL, *Les Hittites*, 206, pl. 236, 237.

montagne divine peut aussi être représentée par un homme debout sur un lion et surmonté d'un aigle[24]. Ainsi, le lion paraît avoir été fondamentalement associé à Ishtar/Shaushka à la suite d'un emprunt au monde babylonien par l'intermédiaire hourrite, ainsi qu'au dieu de la guerre. Il faut aussi remarquer que le lion se trouve lié en Syrie du Nord à la grande déesse de Kargémish, Kubaba = Cybèle, celle-là même qui dans le courant du premier millénaire av. n. ère éclipsera progressivement Shaushka en Asie Mineure[25]. Toutefois, à la place du lion on peut rencontrer un animal qui se laisse identifier comme étant un léopard: dans la glyptique, Ishtar est parfois représentée debout sur un léopard; à Yazīlīkaya cependant il reste difficile de déterminer si la déesse Hébat, parèdre de Teshub, se dresse sur un lion ou un léopard et on remarquera au passage que le dieu fils Sarrumma se tient aussi debout sur un fauve[26].

d. *Autres animaux*

Nous venons de passer en revue les principaux animaux divins du système religieux hittite. Cependant, d'autres animaux interviennent aussi dans les représentations divines et les textes religieux. Leur fonction demeure souvent obscure.

1) Arrêtons-nous d'abord à la colombe, l'oiseau attribut d'une Ishtar érotique syrienne adoptée par les Hittites tout comme par les Chypriotes. Cette colombe deviendra plus tard l'attribut de la déesse Aphrodite dont l'origine précise pose toujours des problèmes mais en qui nous reconnaissons volontiers une réplique asianique d'Ishtar/Shaushka[27]. La colombe semble avoir été l'idéogramme de la déesse Kubaba. Cybèle aurait ainsi possédé les mêmes animaux attributs, ce qui peut finalement se comprendre vu la relative parenté typologique des déesses[28].

2) Si la colombe se trouve assez peu attestée, il en va autrement de l'aigle et du lièvre. Comme nous l'avons souligné, l'aigle est associé au cerf, au $^{d}$KAL. En compagnie du lièvre, il peut se trouver dans la main gauche du dieu. Mais que symbolise-t-il exactement? Analysons rapidement ses fonctions. L'aigle joue un rôle dans les rituels de purification, peut-être pour emporter le mal résidant dans un individu ou dans une entité. Le thème de l'aigle bicéphale apparaît dans la glyptique du 18$^{e}$ s. av. J.-C. et fut largement exploité par les Hittites impériaux; il se maintiendra jusqu'à l'époque byzantine[29]. À la porte d'Alaca Hüyuk nous voyons

[24] Voir *KUB* XXXVIII 1 I 4-9; 2 II 17-23; 26 Ro 23'-31', Vo 15-16; 27 Ro 7'-11'.

[25] Pour Cybèle et son culte, voir E. LAROCHE, *Koubaba, déesse anatolienne, et le problème des origines de Cybèle. Éléments orientaux dans la religion grecque ancienne*. Paris 1960; voir aussi Cl. BRIXHE, *Die Sprache* 25, 1, (1979), 40-45.

[26] Il s'agit bien sûr de la représentation de Sarrumma suivant Hébat.

[27] Pour Aphrodite et son introduction en Grèce au départ de Chypre ainsi que pour son origine orientale, cf. W. F. OTTO, *Les dieux de la Grèce*, 111-125 et R. LEBRUN, *Samuha, foyer religieux de l'Empire hittite*. Louvain-la-Neuve 1976, 17 et 28-31. Représentation d'une Ishtar ailée montée sur des oiseaux, cf. K. BITTEL, *Les Hittites*, 246 pl. 278 (relief de Malatya).

[28] Du moins est-ce l'apparence de l'oiseau mais peut-être s'agit-il d'un autre oiseau puisque la colombe ne paraît pas attestée comme oiseau de Kubaba mais bien d'Ishtar. A-t-on affaire à un rapace? Voir la bibliographie du débat relatif à cette question chez E. LAROCHE, *HH*, 76-79; P. MERIGGI, *Hieroglyphisch-Hethitisches Glossar*. Wiesbaden 1962, 202 n'identifie pas l'oiseau.

[29] Voir K. BITTEL, *Les Hittites*, 94 et pl. 78.

l'aigle tenir dans ses griffes de pauvres lièvres, ce motif s'insérant dans un contexte de scènes religieuses. Le dieu du relief de Yeniköy tient peut-être un aigle dans sa main droite[30]. Sur les sceaux de Boğazköy, on trouve souvent la représentation d'un lièvre surmonté d'un aigle ou celle du dieu cerf accompagné de l'aigle[31]. Dans les textes de mythologie anatolienne, en particulier dans ceux relatifs au thème du dieu disparu, l'aigle est l'animal notamment chargé par le dieux Soleil de retrouver le dieu boudeur même si, en fait, sa mission n'est pas couronnée de succès. Faut-il, dès lors, reconnaître dans ce rapace un auxiliaire de puissants dieux tout comme dans le monde grec l'aigle aide Zeus? Est-il le symbole du ciel comme il ressort d'un autel phénicien où l'aigle prend place entre Hélios et Sélènè ou encore d'un buste du Soleil supporté par un aigle[32]? Il est difficile d'émettre une opinion tranchée mais reconnaissons que l'aigle bicéphale de Yazīlīkaya est lié à des divinités solaires. Cette interprétation est cependant difficile à maintenir dans le cas de l'association du lièvre et de l'aigle; dans ce cas, l'aigle paraît évoquer le chasseur triomphant du petit gibier, un symbole de la chasse bâti sur une constatation banale. La chasse pouvant entrer dans les prérogatives du $^{d}$KAL, on comprend plus facilement la présence aux côtés du dieu cerf de l'aigle et du lièvre.

3) Le cheval doit aussi retenir notre attention. Tout d'abord, remarquons son association avec la grande déesse de Kanesh, Pirwa, en qui il faut peut-être reconnaître une divinisation primitive du rocher mais qui, durant la période hittite, se présente à nous comme une forme équestre d'Ishtar[33]. On a également retrouvé des rhytons en forme de cheval, ce qui constitue un fait significatif: de tels rhytons étaient peut-être liés au culte de Pirwa[34]. Dans la mesure où il est clair que le roi et la reine deviennent des dieux à leur mort, il nous paraît normal de signaler que le huitième jour des funérailles des chevaux sont abattus avec des bœufs, moutons et mulets en l'honneur du défunt afin de devenir magiquement la propriété immortelle de celui-ci. Ainsi s'explique sans doute la présence de squelettes de chevaux dans certains cimetières hittites[35].

4) Le dragon ou serpent (Iluyanka) est l'animal chtonien par excellence. Il habite les zones souterraines et les textes mythologiques tout comme les témoignages archéologiques nous le présentent comme le mal, l'être malfaisant et, avant tout, comme l'ennemi du dieu de l'orage, le chef du panthéon anatolien et hittite. Cette puissance mauvaise ne mérite pas le déterminatif divin devant son nom

[30] Voir K. BITTEL, *Les Hittites*, 190, pl. 215; 212, pl. 247. L'aigle bicéphale est également un signe hiéroglyphique.

[31] Voir notamment K. BITTEL, *Les Hittites*, 94 pl. 79; M. RIEMSCHNEIDER, *Die Welt der Hethiter*, pl. 98 (bas) et pl. 99. L'association de l'aigle et du lièvre pourrait être un symbole du dieu cerf. Ainsi au-dessus de l'aigle bicéphale d'Alaca Hüyük n'aurait-on pas la représentation d'un $^{d}$KAL?

[32] Voir F. CUMONT, *Les religions orientales dans le paganisme romain*. (4$^{e}$ édit. anastatique), Paris 1963, pl. I 2 et pl. X b.

[33] Voir H. OTTEN, *JKF* 2 (1953), 62-73. PIRWA peut se définir comme une forme animée par addition de *-a-* du substantif neutre $^{na}$4*peru*: «rocher».

[34] Voir par exemple K. BITTEL, *Les Hittites*, 155 pl. 162.

[35] Notamment à Osmankayasi.

et se justifie par l'association qui en fut faite avec la laideur, l'obscurité souterraine, le mal par opposition au bien représenté par le grand dieu de l'orage[36].

5) Le griffon est mal représenté dans l'art hittite et n'apparaît que tardivement. Quant aux êtres hybrides — mi-humains, mi-animaux — ils durent évoquer une puissance divine[37]; ils n'appartiennent cependant pas au fond religieux anatolien mais les Hittites les ont empruntés au monde mésopotamien voire à l'Égypte durant la seconde moitié de l'Empire ainsi que durant la période néo-hittite fort marquée par l'art assyrien.

En conclusion nous pouvons dire que le bétail domestique n'a de rapport avec les dieux que comme offrandes; l'homme prélève dans son cheptel un animal dont la consommation est appréciée des dieux tout comme elle le serait du roi ou d'un dignitaire[38]. Parmi les animaux sauvages, seuls ont clairement une réalité divine originelle — parce qu'étant susceptibles d'être habités par l'esprit divin — le taureau, le cerf, le fauve. La colombe, l'aigle, le lièvre, le cheval sont des auxiliaires ou des symboles-attributs liés à certains dieux. Si d'autres animaux sauvages sont parfois représentés (ours, sanglier, loup), ils n'ont aucune valeur divine, fonctionnelle ou symbolique; le motif est purement ornemental. Sous l'Empire, la tendance prévalut d'anthropomorphiser les idoles, suite logique d'une certaine évolution intellectuelle; les animaux deviennent des symboles-attributs parfois associés à la représentation des dieux bien que certaines idoles thériomorphes se maintiennent (taureau, cerf). Plusieurs de ces symboles-attributs se retrouvent jusqu'à la conquête romaine et même au-delà de celle-ci[39].

## BIBLIOGRAPHIE D'ORIENTATION

E. Akurgal & M. Hirmer, *Die Kunst der Hethiter*. Munich 1961.

K. Bittel, *Les Hittites. L'univers des formes*. Paris 1976.

C.-G. von Brandenstein, *Hethitische Götter nach Bildbeschreibungen in Keilschrifttexten. MVAeG* 46, 2, Leipzig 1943.

[36] Voir le récit du mythe d'Illuyanka = E. Laroche, *Catalogue des textes hittites*. Paris 1971, n° 321. Transcription et bibliographie par E. Laroche, *Revue hittite et asianique* 77 (1965), 65-72. Représentation du combat entre le dragon et le dieu de l'orage sur le relief G de Malatya, 10ᵉ s. av. notre ère (représentation par ex. dans K. Bittel, *Les Hittites*, 247 pl. 279).

[37] Songeons aux sphinx de Yerkapi à Boğazköy et à ceux de la grande porte d'entrée d'Alaca Hüyük ou, plus tard (époque néo-hittite), aux sphinx à deux têtes de Kargémish (9ᵉ s. av. J.-C.) et à l'homme à tête de griffon agenouillé entre deux lions, un thème développé sur une base de statue trouvée à Kargémish (9ᵉ s. av. J.-C.), voir K. Bittel, *Les Hittites*, 249 pl. 282 et 251 pl. 284.

[38] Il ne faut pas perdre de vue que les Hittites, comme tant d'autres peuples de l'antiquité, imaginaient leurs dieux comme des super-rois et que le culte s'inspirait donc directement du protocole de la Cour.

[39] Par commodité, nous avons renvoyé pour bon nombre d'illustrations de documents à l'ouvrage de K. Bittel, *Les Hittites*, parce qu'il permet une unification des renvois et qu'il constitue le dernier ouvrage paru concernant une synthèse de l'archéologie hittite par celui qui durant tant d'années dirigea les fouilles de Boğazköy. Toutefois, on trouvera aussi une excellente documentation chez E. Akurgal, M. Hirmer, *Die Kunst der Hethiter*. Munich 1961. E. Akurgal, *Späthethitische Bildkunst*, 129 ss., a dressé un tableau intéressant de représentations divines avec leurs animaux attributs.

O. R. GURNEY, *Some Aspects of Hittite Religion*. Oxford 1977.

H. G. GÜTERBOCK, *Siegel aus Boğazköy* I et II. Berlin 1940-1942.

IBoT = H. BOZKURT, M. CIG, H. G. GÜTERBOCK, *Istanbul arkeoloji müzelerinde bulunan Boğazköy tabletlerinden seçme metinler* I-III. Istanbul 1944, 1947, 1954.

L. JAKOB-ROST, *Zu den hethitischen Bildbeschreibungen. Mitteil. d. Inst. f. Orientforschung*. Berlin, VIII-IX, 1961-1963.

KUB = *Keilschrifturkunden aus Boghazköi*. Berlin.

E. LAROCHE, *Les hiéroglyphes hittites* I. Paris 1960.

E. LAROCHE, *Les Noms des Hittites*. Paris 1966; Supplément dans *Hethitica IV*, Louvain-la-Neuve 1981, 3-58.

E. LAROCHE, in *Dictionnaire des mythologies*. Paris 1981, s.v. *Animaux. Le zoomorphisme en Anatolie hittite*, 35-36.

R. LEBRUN, *Hymnes et prières hittites* (principalement la première partie: p. 17-79). *Homo religiosus* 4, Louvain-la-Neuve 1980.

*Revue hittite et asianique*, Paris (abrév. *RHA*).

# DES HIRONDELLES ET DES ÉTOILES

Philippe Derchain

À la fin de l'exposé très bref que j'ai eu le plaisir de faire à Cartigny, plusieurs collègues ont eu la gentillesse de me dire qu'il était poétique. J'ai apprécié ce qui pouvait être pris pour un compliment ou l'expression d'une déception et me suis demandé si ce qu'ils avaient ressenti de cette façon n'était pas une approche possible d'une matière qui, après tout, pourrait bien être essentiellement poétique dans son essence, si même elle est mythique dans son usage. La forme est tout ce qui nous reste du mythe après qu'il a cessé de servir. C'est donc la réalité même de notre recherche.

Rassemblant ici les souvenirs de ce que j'ai dit, j'espère ne pas tout à fait ruiner à l'écrire ce que la rhétorique avait pu faire.

Traitant de l'homme et de l'animal dans les mythes funéraires égyptiens, on aurait pu sans doute évoquer les diverses formes que les Textes des Sarcophages ou le Livre des Morts offrent au défunt de revêtir. Mais il aurait fallu commencer par une recherche sémantique compliquée pour définir certains termes égyptiens comme *kheperou* qui désigne les aspects du «Protée» qui sera tour à tour, à son choix, crocodile, déesse, faucon, oie, hirondelle, héron, l'air ou le vent, l'orge, le Nil, le scribe de Râ, que sais-je encore.

Il eût fallu se demander les raisons et les causes du choix des apparences, ce qui mènerait à s'interroger sur les lois de la métaphorique égyptienne.

Ne valait-il pas mieux, au dernier jour d'un colloque interdisciplinaire, tenter d'entraîner l'auditeur dans une région peu fréquentée du delta du Nil à la suite d'un auteur inconnu qui en fit la description en quelques lignes, il y a quelques dizaines de siècles? Son œuvre a certes eu la force du mythe, car on ne devait guère songer à écrire sans une raison sérieuse en ce temps-là. De cela naturellement il ne reste rien. À qui pourrait-elle encore servir? Pourtant c'est à cette question que les historiens se sont toujours efforcés de répondre sans se douter qu'elle ne nous concerne plus, tandis que le texte, lui, présent à nos yeux, s'adresse encore à qui veut bien le lire.

Soucieux de décrire l'existence de ceux qui ont quitté le monde, on nous présente un univers qui, de prime abord, ne diffère pas dans sa simplicité quotidienne de celui où nous vivons. Mais c'en est une partie qui est ailleurs. Ce serait pour l'habitant de la vallée, la montagne, celui de la clairière, la forêt. Pour l'homme du Delta, c'est le marais, la lagune qui se trouve de l'autre côté du dernier cours d'eau après le dernier village, que l'on n'atteint qu'avec l'aide d'un passeur bougon qu'il faut héler, car il se tient, comme tous les passeurs, sur la rive où l'on n'est pas, où il habite. On peut naturellement insister sur le caractère métaphorique du fleuve qu'il faut traverser. C'est à peine utile, car il sépare réellement deux mondes réels, dont l'autre est fait d'îles basses où vit un peuple mystérieux que l'on devine plus qu'on ne le voit, fantomatique derrière les rideaux de roseaux et de papyrus qu'il ne traverse que pour venir échanger sa chasse et sa pêche. C'est pourquoi on le connaît comme les «porteurs de chasse et de pêche». Sans doute arrive-t-il au voyageur de se frayer un chemin jusqu'à eux. S'il est accueilli et partage leur vie, il reçoit les indispensables outils qu'ils excellent à fabriquer, les flotteurs, le canot, le harpon indispensables dans ce territoire amphibie fait de fourrés, d'étangs, de hauts-fonds, et d'îles peuplées d'oiseaux.

La concision est un des traits du talent de l'auteur. D'un seul mot il décrit la construction des flotteurs et des canots que nous connaissons d'ailleurs bien par des bas-reliefs contemporains et qu'on a observée encore sur le haut Nil. Le pays est sous une menace constante d'inondation et est borné par la mer qui se fond quelque part dans le ciel, sans solution de continuité.

L'essentiel est dit en aussi peu de mots que possible, d'un paysage dont la permanence est telle qu'on le retrouve identique trois mille ans plus tard dans la littérature hellénistique qui ne doit sûrement rien aux *Textes des Pyramides*. Reprenant en gros des thèmes d'Héliodore, Achille Tatius fait du pays des *Boucoloi*, qui n'est autre que celui dont il vient d'être question, une description colorée que l'on citera en parallèle: «Autour des territoires habités de la sorte par les Bouviers il y a toujours beaucoup d'eau stagnante; lorsque toutes les terres sont recouvertes par le fleuve, il se forme là des lacs qui, même lorsque le Nil se retire, n'en persistent pas moins et conservent de l'eau, ainsi que la boue formée par celle-ci. Et les bouviers vont à pied à travers ces lacs, ou en bateau, mais il ne peut y naviguer que des bateaux contenant une seule personne, car tout bateau étranger au pays s'enlise dans la vase. Leurs bateaux sont petits et légers et il leur suffit de peu d'eau; si finalement il n'y a plus d'eau du tout, les bateliers chargent leur bateau sur le dos et le portent jusqu'à ce qu'ils retrouvent de l'eau. Dans ces lacs se trouvent au milieu quelques îles disséminées. Certaines n'ont aucune maisons, mais sont plantées de papyrus; les plantations sont espacées juste de façon à laisser entre elles la place d'un homme debout...» (Trad. P. Grimal, *Romans grecs et latins. La Pléiade*, 1958, 945).

Sous l'effet des circonstances de l'histoire, les habitants qui n'étaient, semble-t-il, que des voisins peu fréquentés et peu connus au temps des pyramides, sont devenus de redoutables hors-la-loi, pasteurs, pirates ou brigands, attestés d'ailleurs en dehors du roman.

L'ambiguïté que les entoure dans le texte égyptien les marque curieusement aussi dans les *Éthiopiques*, où Chariclée leur demande s'ils sont «les fantômes des morts que voici» en désignant ceux qui gisent sur le champ de bataille, ou s'ils appartiennent aux vivants (I,3 Trad. Grimal, p. 524), comme si ce pays d'ailleurs devait s'adapter spécialement à un ailleurs funèbre. Sa richesse relative — les vivres n'y manquent pas — l'existence différente et secrète qu'on y mène, devaient le prédestiner sans doute à la rélégation des morts. L'obstination avec laquelle la critique veut en faire le ciel repose vraisemblablement sur un malentendu.

En dehors des «porteurs de chasse et de pêche» et des constructeurs d'engins nautiques, on ne rencontre là que des hirondelles qui se posent sur la grande île, terme du voyage, qui se trouve au milieu du «*Champ des offrandes*» que l'on ferait peut-être mieux de traduire «*Champ de l'abondance*». C'est la frange continentale entre la lagune et la mer libre où s'abattent les essaims de migrateurs qui arrivent du Nord et y trouvent leur premier repos et leur première nourriture après la traversée. Osera-t-on rappeler que la racine *ḥtp*, que l'on trouve dans le nom du «*Champ des offrandes*», signifie aussi à côté de «repas, offrande» «se reposer, être en paix»?

Le mystère de l'origine des hirondelles tombant du ciel en fait des «dieux» pour le poête, c'est à dire des êtres à la fois proches et lointains, concrets et imaginaires. Elles sont les étoiles circompolaires, commente-t-il, qui deviennent ainsi des êtres terrestres autant qu'aériens, ambigus comme le marais, comme la mer et le ciel fondus l'un dans l'autre à la limite du perceptible. Oiseaux, les étoiles descendent sur terre par une fiction poétique qui ne peut devenir mythique que par une volonté qui lui est extérieure.

À la vie du marais appartiennent encore d'autres traits typiques, comme de se parer le crâne et le cou de guirlandes de fleurs, à l'occasion, semble-t-il ici, d'une cérémonie en l'honneur d'Isis, qui se déroulait à Chemnis.

Des deux divisions que nous reconnaissons dans le paysage, la première est nette entre les deux rives qu'unit la barque du passeur, qui se trouvent pourtant en vue l'une de l'autre, à portée de voix, matériellement proches; la seconde, au contraire, entre le marais et le ciel unis par les étoiles-oiseaux et entre lesquels le voyageur aussi bien que le soleil voyagent sur les barques qu'on leur a construites à terre, étrangement floue. Le lecteur serait alors dans le désarroi si l'auteur ne lui venait en aide: il a marqué son texte.

Le problème de la marque est certes difficile quand il s'agit d'une langue aussi mal connue que l'égyptien et d'une littérature aussi mal comprise. Selon la définition, la marque est ce qui distingue le marqué du non-marqué. En l'occurrence, elle ne peut être que le détail aberrant, comme on le rencontre souvent en Égypte, pour signaler que le texte ou l'image peinte couvrent un second niveau de lecture, différent de celui qui est le plus clair. Il est évident que reconnaître la marque suppose une connaissance du premier niveau de lecture que nous sommes loin d'atteindre toujours, faute dc savoir de quoi les auteurs parlent. Certains cas exceptionnels pourtant nous permettent de décéler qu'un texte est marqué, ce qui n'implique pas nécessairement que nous atteignions le second niveau de lecture. Nous en déterminons l'existence. C'est tout.

Dans le passage que nous venons d'étudier, dont la cohérence topographique est, je l'espère, assurée, la marque, c'est la grandeur du canot qui mène au ciel. Il atteint 770 coudées, nombre irréel qui exprime le décuple de l'indétermination! Cette note fait culbuter le récit dans l'invraisemblable. Tout ce qui s'y passe, depuis le passage du fleuve transversal jusqu'au ciel se situe dans l'imaginaire. C'est pourquoi la coupure entre les deux rives est nette, la séparation du ciel et du marais floue. La première sépare les deux faces du monde, la seconde se situe sur une seule.

Il n'y a pas lieu dès lors de se demander si les lieux bien réels du marais ont été transposés dans une géographie céleste quelconque. Le ciel comme eux sont ensemble dans une géographie fictive, qui n'est nulle part, signifiant unique, poétique ou mythique selon le niveau de lecture.

Ce signifiant isolé se combine, dans le chapitre qu'il s'agirait d'analyser en entier, avec d'autres, pour la plupart à peine déchiffrables au premier degré, celui des évidences linguistiques et culturelles. Le premier niveau de lecture ne peut donc même pas être atteint. Mais la logique combinatoire est établie au second que nous devons, je le crains, renoncer à jamais entrevoir. Il nous reste du moins le plaisir d'avoir découvert l'habilité d'un poète qui faisait descendre les étoiles sur la terre comme des hirondelles.

* * *

Pour ne pas surcharger le texte, j'ai rejeté ici les quelques discussions nécessaires et l'apparat bibliographique.

Tous les traits du paysage du delta du Nil sont tirés du Chapitre 519 des *Textes des Pyramides* et en particulier des §§ 1203b, 1205b,d, 1206c,e, 1209a-b, 1212, 1213a,d-e, 1215c, 1216a-c. La traduction la plus récente, due à R. O. Faulkner, *The Ancient Egyptian Pyramid Texts*, Oxford 1969 pourra servir de référence, quitte à la modifier çà et là, en particulier 1203b, comme nous allons le voir. Le réalisme de la description et la localisation du paysage dans le Nord du Delta ont été reconnus par Sethe dans le commentaire qu'il a consacré au texte (*Übersetzung und Kommentar zu den altägyptischen Pyramidentexten*, a.l.). Curieusement, toutefois, il s'efforce à chaque instant de replacer tout ce qui apparaît de détails géographiques dans le ciel, où, selon lui, la scène doit être transposée. Comme on l'a vu, j'ai tenté de montrer que cette transposition supposée a priori n'est pas nécessaire. Elle cesse d'ailleurs tout à fait d'être significative lorsqu'on introduit la notion des deux niveaux que j'appelle, pour faire bref, réel et imaginaire, ainsi qu'on l'a vu. Cette distinction des deux plans, du reste, permet une plus grande clarté dans l'explication de la religion égyptienne en général (Ph. Derchain, *Le problème du divin et des dieux dans l'Égypte ancienne*, article *Divinité* dans *Dictionnaire des Mythologies*, Paris 1981, 321 329).

Les quelques éléments du paysage qui demandent une explication sont à discuter ci-après.

Le passeur bougon joue un rôle important dans la littérature funéraire égyptienne. On l'appelle «Celui qui regarde derrière lui», ce qui ne paraît pas nécessairement commandé par sa technique de navigation. Les simples esquifs utilisés dans les eaux de profondeur très variable du marais se manœuvrent à la pagaye ou à la gaffe (Vandier, *Manuel d'Archéologie Égyptienne*, V, 493 ss. et 510 ss.) ce qui n'oblige pas normalement le gaffier ou le pagayeur à se retourner. Dans les bas-reliefs d'Ancien Empire, il arrive qu'un gaffier se retourne (Vandier, *o.c.*, 518) mais seulement dans une circonstance que la manœuvre *momentanée* détermine. Le mauvais caractère du passeur se manifeste ailleurs dans la littérature égyptienne, notamment dans un chapitre des *Coffin Texts* (397 = *Livre des Morts* 99), où il faut d'abord le réveiller puis où il exige de son passager qu'il réponde à toute sorte de questions sur la construction du bateau et ses implications théologiques.

La construction des engins mentionnés, flotteurs ou canots est bien connue. On a pu photographier les premiers sur le Nil nubien, il y a à peine plus de soixante ans (BREASTED, *The earliest Boats on the Nile*, *Journ. Eg. Archeol.*, 4 (1917), 174ss. pl. 33-34). Les mastabas de l'Ancien Empire contiennent souvent des scènes de construction de canots de papyrus, commentées par les mêmes mots que l'on trouve dans les pyramides: «Lier le canot», qui définit exactement le travail (VANDIER, *l.c.*; on verra aussi, Björn LANDSTRÖM, *Die Schiffe der Pharaonen*, 1970, 16ss.).

Parmi les termes géographiques, celui que j'ai traduit ici par hauts-fonds (*šꜣwt*, *Wb.* 4, 401,9) a posé des problèmes à l'interprétation. Sethe, qui avait suggéré de comprendre comme je l'ai fait lorsqu'il préparait les *Textes des Pyramides* pour le Wörterbuch, changea d'avis dans le commentaire (*ad* 1203a) où il préfère reconnaître un autre mot «Destin», qu'il suppose, dans le contexte «Destin du grand lac», désigner la noyade. Reprenant l'examen du passage, J. QUAEGEBEUR (*Le dieu égyptien Shaï*, *Orientalia Lovaniensia Analecta* 2, 1975, 67ss.) montre que la première traduction est la bonne, comme l'impose du reste la logique du passage.

La menace de l'inondation d'autre part (§ 1205) provoquée par l'ouverture (*wbꜣ*) d'un certain lieu que nous n'identifions pas est permanente là où les contours de la terre très basse sont aussi flous et où le fleuve et la mer se rencontrent et se mêlent. On ne peut s'empêcher d'autre part de comparer le passage au système de défense des *Boucoloi*, décrit par Achille Tatius, qui rompent les digues pour noyer leurs adversaires (*Leucippe et Clitophon*, IV, 14, p. 947 de la traduction de P. GRIMAL, *Romans grecs et latins* (*La Pléiade*)). Ces *Boucoloi* sont du reste connus en dehors des œuvres littéraires, par des témoignages épigraphiques même (R. MERKELBACH, *Roman und Mysterium*, 1962, p. 125).

Les ornements portés sur la tête par certains habitants de la région décrite font certainement allusion à un usage connu. Les mariniers du marais, lors des joutes auxquelles ils se livrent, portent en effet souvent des couronnes et des colliers de lotus (VANDIER, *o.c.*, 514). Dans le contexte des *Pyramides* que nous citons (1213d-e), les ornements de tête et de cou sont faits de la plante *ỉb* non identifiée (CHARPENTIER, *Matériaux épigraphiques relatifs à la botanique de l'Égypte ancienne*, Paris, 1981, 97) que l'on retrouve dans le même usage, pour faire un collier à Hathor, dans un texte d'époque romaine (*Dendāra* 6,65 dern.). Il existe ainsi pour cette plante une longue tradition liturgique. On supposera donc que le passage qui nous occupe se rapporte aux cérémonies de Chemnis évoquées dans le paragraphe suivant, que nous ne comprenons pas exactement du reste, mais qui doivent s'être déroulées dans un sanctuaire du Nord du Delta.

Quant au nombre 770 comme symbole de l'indétermination, on pourra se reporter à ma note, *Miettes* § 1, *Rev. d'égyptol*, 26, 1974, 7-8.

Le problème de la marque m'a également intéressé dans d'autres circonstances. Que l'on se reporte à *La perruque et le cristal*, *Stud. z. Altäg. Kultur*, 2, 1975, 62ss. et *Perpetuum Mobile*, *Orientalia Lovan. Period.* 6/7, 1975/76, 157ss.

Dans le contexte, on pourrait objecter que le harpon décrit en détail (1212b-d) pourrait être une marque également, car il se présente apparemment sous un aspect mythique. Ses parties, la pointe et les barbes sont en effet identifiées aux éclairs de Râ et aux griffes de Mafdet. En fait, ces comparaisons n'affectent pas la nature ni la forme de l'objet, mais fournissent seulement une information sur ses qualités, qui en font une arme de premier choix, acérée et qui ne lache pas sa proie, œuvre des habiles artisans du marais.

Un dernier mot enfin à propos des hirondelles et des étoiles. On a généralement admis qu'elles désignaient les âmes des morts. Or, c'est justement ce que nous ne pouvons pas savoir, car il s'agit là d'une interprétation au second niveau de lecture que nous supposons, mais ne pouvons atteindre. Faute de pouvoir définir avec certitude ce qui, dans la phrase en question, des oiseaux ou des astres, est sujet ou prédicat (en dernier sur ce problème, WESTENDORF, *Beitr. z. altäg. Nominalsatz*, *Nachr. Ak. Wiss. Göttingen*, 1981, 87), tout ce que nous pouvons affirmer est qu'il doit y avoir un référent commun qui échappe à une sémantique normale, et que nous ne pouvons connaître. Telle serait la conclusion finale de l'enquête que j'avais proposée à Cartigny sous le titre «la fonction mythique de certains animaux dans le cadre de l'anthropologie funéraire des ancien Égyptiens», qui existe sûrement mais échappe, comme j'ai voulu le montrer ici, à notre connaissance.

# MIGRATEUR ET FLAMANT ROSE DANS L'ÉGYPTE DYNASTIQUE ET COPTE: MILIEU, IMAGE ET SIGNE

Gérard Roquet

1 L'égyptologue est en mesure d'avancer l'idée que l'homme de l'Égypte dynastique prend appui sur la tradition d'une symbiose avec le milieu animal afin de caractériser le «milieu divin» qu'il image et imagine. Les racines de ce dialogue sous-jacent, mais omniprésent sont antérieures à l'ère graphique de la civilisation pharaonique. Nous y reviendrons. Entre autres, une question préalable se pose. Est-il démontrable, et par quelle procédure, que *dans l'éthologie de l'avifaune observée*, l'Homme du Nil ait isolé des traits typiques qu'il a chargés de sens et qu'il a intégrés aux structures de son imaginaire religieux? Si oui, comment ces traits signifient-ils? Je veux dire, à quel niveau d'abstraction et surtout selon quel mode logique? Ou mieux, comment va naître le signe culturel ou surgir la «valeur»?

Avant de se prononcer, il convient au préalable de définir et de chercher à démontrer, cas par cas, la qualité objective de l'*observation égyptienne* portée sur l'Oiseau. D'ordinaire, cette qualité d'observation est supposée admise, comme allant de soi. De ce fait, sa pertinence n'est que rarement critiquée. Si une observation — mettons ornithologique (§22), mettons entomologique (§27) — est censée fonder l'exégèse qu'un moderne propose de la démarche du théologien ou du magicien égyptiens, ladite observation requiert qu'on la passe au crible le plus sévère, si faire se peut. En d'autres termes, puis-je, aujourd'hui, surprendre et démonter cette démarche du théologien? Puis-je m'embusquer à l'affût de son raisonnement? Sur quoi ce dernier repose-t-il et s'articule-t-il? Si abstraction il y a, comment s'élabore-t-elle? À supposer que l'Égyptien ait d'abord observé — disons aujourd'hui l'Oiseau — puis-je, moi, observer l'observateur et restituer l'élaboration conceptuelle que l'Égyptien opère alors? Autrement dit, comment rendre compte de l'émergence du signe, et du statut relatif des signes que l'Égyptien coordonne ou hiérarchise?

2 Avant d'aller plus loin et de tenter d'illustrer un aspect précis de cette question d'ensemble, un exemple, un cas-type: la migration; question qui suppose des analyses relevant (a) de la phonétique historique, (b) de l'iconologie (au sens de Panofsky), et (c) de l'ornithologie. Nous n'aurons sans doute pas le «dieu» au bout de la route, mais vers ce dernier nous aurons fait un bout de chemin avec l'Homme du Nil...

3 L'argumentation développée sur la question de la migration avienne repose, après élagage, sur quatre niveaux documentaires estimés significatifs. Nous le verrons, plus que l'unité d'une culture, plus que la continuité dans la nomination

linguistique, ce sont les rapports stables de l'Homme d'Égypte avec l'Oiseau dans un même biome qui sont en question ici. Car les documents retenus se distribuent sur une échelle chronologique d'amplitude maximale et de la manière suivante; les dates sont approximatives et ne visent qu'à fixer les idées. On retiendra donc:

(1) Un document iconique et textuel de la cinquième dynastie (milieu du 3e millénaire), dont E. Edel (1961-64) a fourni une magistrale interprétation. Il a démontré que l'Égypte, à l'un des sommets de sa civilisation, a iconisé et glosé le phénomène migratoire observé chez l'Oiseau et chez le Poisson.
(2) Un document épigraphique de la Première Période Intermédiaire (vers le 21e siècle avant notre ère).
(3) Un document littéraire rédigé en néo-égyptien (environ 10e siècle avant notre ère).
(4) Un document «magique» copte, peut-être du 10e ou du 11e siècle de notre ère.

4 Sélectionnés à dessein, je le répète, ces quatre documents suffisent à mon propos qui est (a) non pas d'établir le fait que l'Égyptien observa, représenta et glosa la migration, c'est chose faite, mais (b) d'insister sur le fait que l'Égyptien a perçu selon un certain mode et désigné expressément dans sa langue — et ce, dans sa langue la plus ancienne — le phénomène migratoire de l'Oiseau; (c) puis, de là, d'analyser comment cet observable de son Milieu a été promu signe, voire symbole. Dans cette enquête, une rencontre — qui justifie mon titre — le Flamant rose; pourquoi, et pourquoi lui? Cet oiseau retiendra notre attention d'abord pour des raisons de ... phonétique historique et d'étymologie.

## I. Un problème de phonétique historique

5 Nous commencerons par ce point: éliminer du lexique copte une désignation prétendue du Flamant rose, qui ne résiste pas à l'examen. Au prix d'une nécessaire incursion dans la phonétique historique et grâce à un rappel tiré de la littérature coptologique, nous allons voir que deux mots coptes, ⲧⲓϧⲓ et ⲉⲧⲉϣⲉ ne désignent pas «Flamant rose, *Phoenicopterus antiquorum* Temm.». Ces deux mots sont à interpréter comme variantes dialectales d'un vocable désignant le «migrateur».

6 Rappel. — La référence sur la question est à chercher dans le commentaire que E. Chassinat, égyptologue et coptisant, consacre aux premières lignes du «Manuscrit magique copte n° 42573 du musée égyptien du Caire»; ce texte est paru en 1955[1]; il apparaît pourtant qu'il est resté sans écho dans les travaux plus récents concernant la migration avienne d'une part, tout comme dans les ouvrages concernant l'étymologie des mots coptes qui relèvent de cette question. On va se rendre compte que l'importance de ces mots pour l'histoire de l'ornithologie justifie pleinement ce rappel. Il faut citer le texte (Chassinat 1955: 12):

[1] En fait, Daumas qui s'est chargé de l'édition du manuscrit laissé par Chassinat rappelle que la rédaction de l'ouvrage date des «deux dernières années de la guerre» (p. 107).

«1» ⲟⲩϣⲱⲱⲛⲉ ⲉⲡⲉϥϯⲙⲉ ϭⲁⲡ ⲡϩⲁⲥ ⲛϭⲏϣⲉ ⲛϣⲁⲩⲉⲓ ϩⲓ ⲧⲉⲩⲭⲱⲣⲁ
«de la langueur pour son village: prends la fiente[2] de migrateurs qui s'en reviennent vers leur pays». Le texte poursuit: «Oins(-en) son visage avec du liniment aromatique. Le quinzième [jour] de la lune».

Ce texte et son commentaire donnent à réfléchir sur trois points. (1) Dans ce contexte, ϭⲏϣⲉ désigne le «migrateur»: ce point est nouveau, mais capital. (2) Ce mot copte reporte à l'ancien égyptien *gꜣšt*, depuis longtemps traduit par «migrateur»—mais non corrélé au mot copte *avec ce sens générique précis*[3]. (3) Chassinat affirme et démontre—encore qu'imparfaitement—que «ⲧⲓϧⲓ; ⲉⲧⲉϣⲓ; ⲉⲧⲏϣⲓ sont des variantes dialectales de ϭⲉϣⲉ» (1955: 18). Chacun de ces points requiert un commentaire.

7 Il est parfaitement connu que le couloir nilotique constitue l'un des grands axes de passage des migrateurs dans le nord de l'Afrique (Dorst 1962²; Etchecopar, Hüe 1964). Or si l'on fait siennes les observations de Chassinat, il est difficile d'échapper à la conclusion que *gꜣšt* et ϭⲏϣⲉ sont des notations d'un même vocable générique nommant le «migrateur». Les correspondants arabes du mot copte—dans les bilingues où ces termes sont notés au Moyen-Âge—à savoir:

«2» *wizza* «oie»; *kurka* «grue»; *baṭṭ* «canard»

montrent que «cette appellation n'est pas proprement spécifique, mais une qualification qui est donnée à ces oiseaux parce qu'ils font partie d'un groupe dont ce mot définit la caractéristique dominante» (Chassinat 1955: 18-19).

8 Aux données documentaires mises en avant par Chassinat, il est désormais possible d'ajouter un fait nouveau concernant l'attestation la plus haute du mot *gꜣšt* dans les sources égyptiennes dynastiques. Ce mot apparaît pour la première fois dans des «listes d'offrandes» de tombes provinciales, à Nagʿ Ad-Dayr, dans une nécropole sise entre Akhmīm et Luqsor. Deux graphies sont attestées (Peck 1959: 31; 36-37; pl. II; VI):

«3» [hiéroglyphes] (N 359) *g(ꜣ)št*; [hiéroglyphes] (N 248) *gꜣšt*.

Le masculin [hiéroglyphes] *g(ꜣ)š* de *CT* III 79*g* figure en contexte plus explicite. Telles sont donc les deux extrêmes de l'attestation lexicale que séparent environ trente siècles, observons-le. Mais ce n'est pas tout: le vocable semble bien s'être fixé dans l'arabe vernaculaire d'Égypte.

9 Pour *gꜣšt*, les manuels d'étymologie récents (Černý 1976; Westendorf 1965-77) renvoient au Dictionnaire de Berlin (5: 208), dont les références font état d'attestations néo-égyptiennes. Le mot est plus ancien et sans nul doute profondément accroché aux parlers du terroir. De plus, tout porte à croire qu'en Égypte

[2] La lecture de Chassinat ϩⲁϩ «cou» est d'autant plus improbable que ϩⲁⲥ est par ailleurs manifeste dans fol. 1, ro 18; vo 10; vo 14 (bis). Fondé sur un contrôle sur l'original et la photographie publiée, ce nécessaire correctif—proposé par Drescher—est enregistré par Černý (1976: 268).

[3] Ainsi le dictionnaire de Černý (1976: 339) laisse entendre que ces deux vocables puissent référer à une (ou à des) espèce(s) particulière(s) de volatile(s).

contemporaine, l'un des noms du Canard souchet, *Anas clypeata* L., migrateur hivernant en Égypte,

«4» كيش *kiiš*,

n'est rien d'autre qu'une survivance lexicale spécialisée du nom copte du «migrateur» ϭⲏϣⲉ [k'εεše]; le glissement sémantique se sera orienté du générique au spécifique, comme on l'observe en comparant: ancien égyptien, *ꜣpd* «volatile, volaille», mais copte, ⲱⲃⲧ «oie». On observera en outre que *gꜣšt*, à Nagʿ Ad-Dayr (exemple «3») introduit — et ce de façon exceptionnelle — la mention d'une série bien connue d'Anatidés capturés pendant l'hivernage à la canardière (*jꜣdt*), tels *mzt*, *sr*, *ṯrp*.

Même en Égypte, il est rarissime que la longue durée soit un paramètre favorable à une unité lexicale. Aussi cette improbable survivance en arabe d'Égypte d'un mot de l'ancienne langue — fût-il sensiblement altéré — est-elle l'exception: elle n'en revèle que mieux la profondeur de son ancrage au milieu paysan.

10 Retournons aux données coptes. La distribution dialectale des représentants coptes de *gꜣšt* est la suivante:

«5.1» S, ϭⲏϣⲉ, ϭⲉϣⲉ
«5.2» B, ⲉⲧⲏϣⲓ, ⲉⲧⲉϣⲓ
«5.3» Bachm., ⲧⲓϧⲓ.

Tel était le groupement des formes retenu par Chassinat (1955: 18). Dans son commentaire, cet auteur met en évidence les difficultés, tant phonétiques que sémantiques, que soulève l'hypothèse proposée par Sethe et unanimement reprise par les auteurs[4] ayant traité de l'étymologie de «5.2»: soit *dšr(w)* > ⲉⲧⲏϣⲓ «flamant».

La forme cruciale est en fait «5.3», généralement laissée de côté.

11 C'est par le rappel d'une règle copte de dissimilation qu'on établit que les formes de «5» sont à regrouper et à traiter comme des variantes dépendant de l'étymon unique *gꜣšt*. Sur le modèle de (A-D), on a (E); d'où la règle facultative, non pandialectale: dans une même unité lexicale, la co-occurrence

de ϣ --- ϭ / ou de ϭ --- ϣ — est dissimilable en — ϣ --- ⲧ[5] / ⲧ --- ϣ

[4] Dévaud 1923: 97; Fecht 1960: § 206; Westendorf 1965-77: 42; 257; Černý 1976: 39 (chez cet auteur, ⲧⲓϧⲓ est repoussé dans la liste des mots sans étymologie, à la p. 364); Osing 1976: 694; 1978: 187.

[5] Sachant que ϣ = [š]; ϭ = [k']; ⲧ [t].

| | | | |
|---|---|---|---|
| A | ϣⲗϭⲟⲙ | ϣⲗⲧⲏⲙ | «moutarde»[6] |
| B | ϭⲱϣⲧ | ⲧⲱϣⲧ, S<br>ⲧⲟⲩϣⲧ, H | «guigner» |
| C | Κῦσις, grec[6bis] | دُوش Duuš | toponyme (sud de l'oasis de Kharga) |
| D | ⲉϭⲱϣ, S | ⲉⲑⲱϣ, B | «soudanais» |
| E | ϭⲏϣⲉ, S | ⲉ̄ⲧⲏϣⲓ, B<br>ⲧⲓⳉⲓ, Bachm. | «migrateur» |

12 Ceci posé, examinons l'admissibilité de l'étymologie proposée par Sethe.

(a) Elle repose sur l'idée que ⲉⲧⲏϣⲓ désigne *à coup sûr* le «flamant rose», association qui imposait le rapport *dšr*: ⲉⲧⲏϣⲓ; à cette raison, s'est adjoint le fait que l'homographe ⲉⲧⲏϣⲓ «rouille» est également rattaché à la racine *dšr*: ce dernier point ne semble pas contestable.

(b) De *dšr* — ou, après métathèse historique **drš* — «être rouge, rose, roux, roussâtre, brun...», les représentants coptes et les transcriptions grecques sont en nombre suffisant pour garantir la coïncidence translitération/phonologie[7]. Ainsi, les formes akhmimiques conservées:

«6» ϩϩ-ⲧⲱⲣϣ /poussière/roussâtre/«rouille»;

«7» ⲧⲣⲉϣⲣⲁϣⲧ, qualitatif,

ne permettent pas de douter que, dans *dšr*, la seconde consonne $C_2$ ne soit phonologiquement un /š/[8], aussi haut que l'on puisse remonter dans l'égyptien.

(c) Or le rédacteur d'un glossaire copto-arabe médiéval (14e siècle), prend la peine de distinguer avec soin deux variantes:

«8» ⲉⲧⲉϣⲓ بحيرى, soit «bohaïrique»;

«9» ⲧⲓⳉⲓ بشمورى «bachmourique»[9] (Crum 1905: 386-387 = BM 924: 35 = Kircher 168).

Les notations anciennes de formes dialectales coptes *expressément référées à une aire géographique* — ici tel est bien le cas! — sont chose trop rare pour que l'on procède à l'étymologie de l'une ou de l'autre de ces formes en les dissociant ou en faisant fi de cette précieuse information: autant que faire se peut, l'étymologie doit rendre compte de chacune. Ici, bien sûr, c'est «9» la forme problématique, mais c'est aussi la forme clé.

[6] Westendorf 1965-77: 313; Černý 1976: 242; Salmon 1901: 27.

[6bis] Références chez Calderini, Daris 1980: 169.

[7] Crum 1939: 432; 629; Fecht 1960: note 429; Osing 1976: 202 (ϫⲏⲣⲓ).

[8] La forme marginale notée ⲧⲣⲁϩⲣϩ et répertoriée par Kahle (1954: 136) ne constitue pas un contre-exemple.

[9] Le parler de Bachmour est, par hypothèse, rattaché à une «partie du Delta oriental» (Kasser 1975: 407; 425). Il convient de signaler en passant que l'hébreu médiéval conserve le souvenir de ce toponyme égyptien בשמור (Golb 1974: 121).

(d) La correspondance interdialectale, ici deux parlers du Delta, à savoir ϣ (vs) ϧ implique à l'étymon théorique une spirante conventionnellement translitérée *ḫ*.

(e) À ce point du raisonnement, si, avec Sethe, l'on rapporte les formes «8» et «9» à la racine /dšr/, l'on est conduit à poser un ***dḫr*, inadmissible en vertu même des formes akhmimiques sus-mentionnées «6» et «7».

(f) L'hypothèse de Sethe (a) s'en trouve infirmée.

(g) D'où, si l'on retient ⲧⲓϧⲓ comme forme marquée et cruciale, l'on déduira que c'est **gꜣḫt* qu'il convient de poser sous les graphies historiques *gꜣšt* mentionnées aux §§8-9. Mais alors, aussitôt il se pose la question de savoir quelle est la structure phonologique de la racine postulée **gꜣḫ*: le copte conserve-t-il d'autres témoins éventuels confirmant la structure à reconstruire sous les graphies historiques?

13 (h) On sait que le graphème ⊏⊐ translitéré *š* est phonologiquement ambigu; même historiquement constant, il est apte à encoder un /ç/ phonologique[10].

(i) Ainsi du verbe égyptien *gꜣš* (*WB* 5.156), plusieurs unités lexicales dérivent et le copte conserve, outre

«10» ϫⲉϣⲥ, B «lingot»;

«11» ϭⲱϣ, S; ϫⲱϣ, B «verser, déverser»;

une forme rédupliquée de «11», pour laquelle l'akhmimique préserve une variante décisive:

«12.1» ϭⲟϣϭϣ, S; ϫⲟϣϫⲉϣ, B

«12.2» ϫϩϫⲱϩ=, A «asperger, arroser».

À la version sahidique du *Psaume* 50: 9 ῥαντιεῖς με ὑσσώπῳ «asperge-moi avec l'hysope», répond la citation akhmimique de la *Première Lettre de Clément* (Schmidt 1908: 61):

«13» ⲕⲛⲁϫ̄ϩ̄ϫⲱϩⲧ ⲛ̄ⲟⲩϩⲩⲥⲥⲱⲡⲟⲛ «tu m'aspergeras avec l'hysope».

Pour ce seul texte, mais l'exemple suffit, le parallélisme ϭⲟϣϭⲉϣ, S (vs) ϫϩϫⲱϩ= est manifeste[11].

(j) Ainsi donc «12.2» et «9» sont deux formes cruciales et convergentes, dont on déduit, au-delà des graphies historiques *gꜣšt* et *gꜣš*, la structure phonologique de la racine-base, soit /g.ʔ.ç/.

[10] Le fait est bien établi pour la racine [hiéroglyphes] *zš(ꜣ)*, dont les graphies traditionnelles masquent la structure phonologique; or celle-ci est déduite de l'opposition copte interdialectale: Dial. ⲥϩⲁⲓ (vs) B ⲥϧⲁⲓ, A ⲥϩⲉⲓ «écrire», d'où /z.ç.ʔ/; à ce sujet, voir Edel (1955-64: §120). Une graphie égyptienne exceptionnelle et révélatrice de cette structure a été remarquée par Hornung et récemment signalée par Edel (1979: *ZÄS* 106. 113, note 7).

[11] Les auteurs de dictionnaires étymologiques ont senti la difficulté considérable que cette seule forme soulevait. Černý la constate (1976: 339) et se borne à signaler l'irréconciliabilité de «12.2» avec un étymon **gšgš*, Westendorf (1965-77: 441 et 471) propose une solution différente et radicale: rattacher à un autre étymon la forme akhmimique, dissociant ainsi ϫϩϫⲱϩ= de ϭⲟϣϭⲉϣ.

Au terme de cette argumentation, deux questions restent pendantes: l'étymologie du nom du «migrateur» peut rebondir (cf. III); mais il faut auparavant examiner en quels termes se pose le problème du nom égyptien du flamant rose.

## II. Le nom et le cas du flamant rose

14 Le signe graphique de lecture DŠR, G27, du catalogue Gardiner[12], représente le flamant. De ce signe, on trouvera une bonne photographie dans l'ouvrage de Capart (1930: fig. 265 = ici notre pl. I). À Maydūm, à la quatrième dynastie, il est patent que le signe graphique est zoologiquement fidèle[13]. Et pourtant, dès la haute époque, la tendance des dessinateurs et des lapicides a été d'exagérer de plus en plus la courbure et la proportion du bec du flamant, parfois traité à la manière de celui d'un ibis. Pour s'en tenir à un choix de documents hiéroglyphiques d'Ancien Empire, on comparera avec fruit les rendus de ce même signe G27 dans: Borchardt 1913: II, pl. 3; *Text*, p. 78. — Holwerda, Boeser 1908: pl. 9. — Wild 1953: pl. 128. — Leclant 1979: P/F/E, col. 9. — Duell *et al.* 1938: pl. 19; cf. ici notre pl. II.

15 Reste la question de savoir si la langue égyptienne a conservé trace d'un représentant de la racine *dšr* qui désigne le flamant rose. Il faut attendre les *Textes des Sarcophages* (*CT* V 374*c*) pour relever une mention certaine des noms de cet oiseau:

«14.1» *dšr*
«14.2» *šbdd*
«14.3» *šbd-dšr*[14]

16 À ces formes anciennes, la tradition lexicale proprement copte n'apporte aucun écho direct. Mais l'arabe d'Égypte connaît *bašaruuš*/*bašruuš* (Crum 1939: 432b; Viré 1964: 598).

Un essai d'explication de cette forme vernaculaire a été tenté par Kuentz (1935: 162); quant aux solutions du problème phonétique posé par l'arabe, l'hésitation de la doctrine de l'auteur est manifeste[15]. Aussi, en un premier temps, est-il préférable de s'en tenir à la solution préconisée par Osing (1976: 720-721):

«15» *bašaruuš* < *π-(τ)ϣερρωϣ < *π-τρεϣρωϣ.

L'agglutination de l'article copte, ainsi que la résolution du groupe τ + ϣ, traité

[12] En admettant qu'elles soient tirées de formes *paléographiquement* fidèles, les fontes IFAO-1907: n° 1341 et Gardiner-G27 sont *zoologiquement* inexactes; en son temps, le fait a été souligné à bon escient par Keimer (1955: 7, note 1).

[13] On comparera la silhouette de l'oiseau dessiné à Maydūm avec celles des flamants vus en contre-jour, par ex., dans l'ouvrage de Dorst (1971: 81, p. 75).

[14] Signalé par Faulkner (1977) dans sa traduction des *CT* et rappelé par Osing (1978: 187), à propos de ετηϣι.

[15] Je cite: «L'arabe moderne *bašrûš* «flamant» est un emprunt au copte; il peut s'expliquer par l'article *pe* plus *trešrôš* «être rouge», avec disparition de -tr- (p. 432), mais on en rend peut-être mieux compte en y voyant, comme on l'a déjà proposé, l'article *pe* plus **trôš* «flamant», mot non attesté en copte, mais connu en égyptien (avec assimilation curieuse de *t* au š: **petrôš* > *bašrûš*)».

comme une affriquée — soit [$t^{š}$] → [š] —, sont parallèles à ce qui s'observe dans le nom d'un Ardéidé:

«16» π-ελϫωв > *balšuum*, *balšuun*, *balšaan*, en arabe d'Égypte [16].

17 Je ne sache pas que l'on ait signalé que l'arabe égyptien *baš(a)ruuš* a été tenu pour la source du nom du «flamant» en arabe tunisien:

«17» *šabruuš* (Colin 1930: 126; 1967-68: 64).

En fait, selon Viré (1964: 598), la forme «17» serait en usage dans tout le Maghreb. Quoi qu'il en soit, ce rapprochement, passé inaperçu dans la littérature égyptologique, méritait d'être rappelé ici.

18 Face à ces formes du nom du «flamant rose», je me demande s'il n'est pas possible d'avancer une autre explication: elle consisterait à remonter la filière étymologique au prix d'une audacieuse reconstruction, telle que:

| | | | |
|---|---|---|---|
| «18» — le niveau | 6 šab ruuš | شبروش, | arabe tunisien, |
| reposant sur le niveau | 5 baš a ruuš | باشاروش , | ar. d'Égypte, |
| » » » » | baš ruuš | بشروش, | ar. d'Égypte, |
| » » » » | 4 *ваϫ рω/нϣ | | [métathèse] [17] |
| » » » » | 3 *ваϣт рω/нϣ | | [réécriture, après coalescence] |
| » » » » | 2 *ваϣт-трω/нϣ | | [métathèse] |
| » » » » | 1 *ϣавт-трω/нϣ | | [métathèse] |
| reporte à | 0 šbd-dšr, | | un composé dans *CT* V 374*c*. |

Cette conjecture présente sans doute l'avantage de l'économie, en ce qu'elle fait état d'une forme (0) effectivement attestée et ancienne désignant déjà le «flamant rose».

19 Quel parti tirer de ce que les ornithologues nous apprennent de la distribution du Flamant?

Pour un passé relativement lointain, le texte de la relation du voyage de Jean Coppin prouve que l'auteur, «sur la fin de l'année quarente» (p. [324]) — c'est-à-dire en 1640, a observé des colonies de flamants roses en hivernage dans la région de Damiette. Coppin raconte:

> «Comme la chaleur s'abaissa je fis promener le Père d'Autruy dans la campagne (...) et je le conduisis jusqu'à un endroit d'où il pouvoit remarquer toute l'étendüe de l'étang qui est à trois milles de Damiette. Il est fréquenté de quantité d'oyseaux dont il y en a de gros comme nos poules qui portent le nom de flamans qui ont le corps gris et les aîles du plus bel incarnat qui puisse tomber sous les yeux ...». (Sauneron [éd.] 1971: 326).

Plus près de nous, d'après Meinertzhagen (1930: II, 453), l'oiseau nichait encore en Égypte en 1929. Selon Etchecopar et Hüe, les «migrations sont assez énigmatiques,

[16] Sur ces formes, je renvoie à mes remarques dans *ASAE* 69 (1983: 341-342).

[17] Pourraient être des traitements fort récents, d'âge copte, les étapes 2 → 3; 3 → 4; et 1 → 2, fort anciens. J'ajoute qu'entre 1 et 2, on pourrait envisager de poser une variante avec désonorisation du [b], soit *ϣαπτ-трω/нϣ, d'où, au terme, *παϫрω/нϣ.

et nullement régulières» chez le Flamant. En outre, de nos jours, l'oiseau «passe sur toute l'Afrique du Nord, même sur l'Égypte où il ne niche plus», si l'on en croit les mêmes auteurs (1964: 77-78). De bons observateurs de l'avifaune, sensibilisés aux passages des migrateurs en Égypte, m'ont assuré avoir repéré un vol de flamants roses au-dessus des Lacs Amers en 1979.

À l'heure actuelle donc, non nidificatrice en Égypte, l'espèce niche dans le sud tunisien. Faut-il imaginer alors qu'une transformation — graduelle ou précipitée? — affecte le biotope lagunaire égyptien favorable au Flamant: cette perturbation écologique serait à définir de très près, car il resterait à préciser quels facteurs auront pesé au point de faire reculer une espèce traditionnellement adaptée à l'Égypte et observable depuis l'horizon même de l'histoire, la présence de l'oiseau y étant attestée depuis l'âge de la mise au point du code graphique hiéroglyphique.

20 Le choix même de cet oiseau, à l'habitat lacustre et aux mœurs grégaires[18], comme symbole graphique de la gamme «rose-rouge-roux-brun» implique qu'il existait en une ou plusieurs aires du territoire de l'Égypte archaïque un ou des biotopes favorables où le Flamant s'intégrait dans le milieu familier au contemporain de la genèse de l'écriture. Sous-jacent à ce choix des inventeurs du signe G27, DŠR (§ 14), c'est un ensemble vivant, un biome, graduellement altéré, qu'il incombe à l'historien du milieu de chercher à reconstruire, signe par signe. Dans cette perspective-là, les décisions qu'il note dans et par le système graphique sont au plus haut point significatives. Les signes, comme tels, ne vont pas de soi; tous ont été élaborés, élus, donc «valorisés» (voir § 1). Le choix de «ce» signe est tout autant motivé qu'arbitraire; c'est un choix culturel en ce qu'il témoigne d'une réaction de l'homme à son milieu et en ce qu'il traduit une élaboration conceptuelle et visuelle du sens à partir de ce même milieu. Tant pour l'historien que pour l'ethnologue ou pour le linguiste, le système graphique — au-delà même de la matière documentaire qu'il informe — délimite, aux lisières de l'histoire, une réserve de données ethnologiques et écologiques, exemplairement fixées par l'image et le signe, s'il est bien vrai que le milieu, le signe graphique, le signe linguistique et, au terme, le sens sont en continuité hiérarchique et en symbiose ordonnée dans une culture comme celle de l'Égypte la plus ancienne.

## III. La dénomination égyptienne du migrateur

21 Si l'on fait retour au point où nous avons laissé l'étude de la racine *gꜣš* (§ 13j), il est clair que la recherche sur le nom du «migrateur» peut et doit être approfondie. Est alors possible une analyse fine, non plus de la seule désignation «migrateur», mais bien de la signification sous-jacente: *gꜣšt* est un dérivé, non opaque sémantiquement, d'une racine /g.ʔ.ç/ ou si l'on préfère **gꜣẖ/gꜣš* «s'écouler, couler en flot, se disperser». Ainsi en copte ϭⲱϣ signifie-t-il «(se)répandre, (s')épancher, (se)disperser, (se)déverser, (s')écouler, (faire) tomber en se dispersant», avec, pour

[18] Cf. la vue d'avion publiée par Dorst (1971: 323, p. 296-7).

régimes usuels (a) des liquides — eau, sang, breuvage, vinaigre, onguents, crèmes et corps gras, métal en fusion, etc.; (b) des solides pulvérisables, comme le sel, la cendre, qui peuvent être répandus par dispersion; (c) les entrailles, la cervelle (du martyr ...); et (d) par extension, le plaisir, les cadeaux ou les gratifications; la grâce et la faveur; le mépris et la fureur; voire la vie, qui, pour le psalmiste, s'écoule comme l'eau. Le rédupliqué sus-mentionné («12») a un sens intensif spécialisé pour les liquides «asperger, arroser», d'où «instiller goutte à goutte» (Chassinat 1921: 170; 363), et même «plonger [un vase] dans l'eau» (Crum 1939: 836a-837a; 839a). Ceci posé, reste à établir quels rapports sémantiques permettent de dériver ϭⲱϣ, ϭⲟϣϭⲉϣ et ϭⲏϣⲉ (+ variantes) de la même racine *gꜣẖ.

22 Avancer une explication qui rattache *gꜣẖt «migrateur» à la racine *gꜣẖ «(se)répandre, (s')écouler», c'est en fait chercher à saisir quel aspect typique du phénomène migratoire a été perçu par l'Homme du Nil et cristallisé dans et par son lexique. La nomination linguistique de cette pulsation cyclique de l'avifaune traduit l'observation du milieu et la réponse de l'homme à ce dernier. L'Égyptien retient alors la phase si caractéristique où les vols de migrateurs se répandent — littéralement — en flots plus ou moins denses selon les mœurs de l'espèce et s'abattent — les ornithologues n'ont-ils pas forgé le mot technique d'isopiptèse, de πίπτω «tomber» — sur leurs aires d'hivernage lagunaires ou palustres, que ces vols soient formés d'hivernants proprement dits ou des oiseaux de passage faisant halte aux aiguades avant de s'égailler ensuite vers le Sud.

Ajouterai-je que dans la littérature que les ornithologues consacrent aux migrateurs, l'une des figures de style qui vient d'emblée à l'esprit pour décrire les passages et les étapes des migrateurs grégaires est précisément celle que je postule pour l'ancien égyptien. Spontanément ces auteurs recourent à la métaphore filée de l'«écoulement» du «flot», du «flux», ou du «courant des migrateurs»[19]. On multiplierait à l'envi des descriptions similaires de la migration avienne dont les phases observables sont le plus souvent spectaculaires. Reste que la convergence stylistique et linguistique traduit la même élaboration conceptuelle des mêmes impressions tenaces chez les observateurs de l'Oiseau — qu'il s'agisse de l'essor, du passage ou du retour d'une colonie.

23 C'est le moment même du retour des migrateurs sur leurs aires d'hivernage qui est fixé par l'image et commenté par un texte dans la «Salle des Saisons» du temple solaire de *Nj-Wsr-Rꜥ* (voir § 3.1). Observons que le mot *gꜣšt* est absent *de ce qui reste* de cette nomenclature illustre, la plus ancienne et la plus détaillée. Aussi un détail précis doit-il être soigneusement mis en évidence: chez *Nj-Wsr-Rꜥ*, les oiseaux sont représentés, encore en vol, en train de se poser, à l'exception bien entendu de ceux qui se trouvent déjà pris à la canardière (*jꜣdt*); voir Edel 1961: Abb. 3 et 5;

[19] Je relève chez Dorst «courant/flux de migrateurs (1962: 60, note 1); «qui s'écoule» (1962: 47); «flot de migrateurs» (1962: 12; 26; 66; 1971: 271; 290); ou encore «certains observateurs décrivent des flots de migrateurs ... s'écoulant sans discontinuer» (1971: 291); «les flots de migrateurs se forment et s'écoulent en fonction d'une situation météorologique bien définie» (1971: 296).

7; 9; 11. Cette clé iconographique est significative en ce qu'elle contraste avec les usages suivis dans les représentations du fourré de la roselière et de son avifaune d'hivernants, de semi-sédentaires ou de sédentaires à l'Ancien Empire: car alors, rien de systématique ne règne dans les figurations des oiseaux, représentés au repos, couvant leurs œufs ou défendant leur nichée, volant ou s'ébattant, comme c'est le cas chez Ti (WILD 1953: pl. 115-116; 119) où la composition iconique traduit de manière exemplaire la symbiose des communautés d'oiseaux dans le marais; roselière ou lagune, «déversoir, réservoir», les deux habitats — distingués dans la «Salle des Saisons» (EDEL 1961: Abb. 3 et 5, et le commentaire) — devaient s'interpénétrer inextricablement pour les pêcheurs et les chasseurs usagers du Delta au troisième millénaire.

Beaucoup plus tard (voir § 3.3), ce même habitat lagunaire sera évoqué dans un texte narratif par *Wnjmn* retenu à Byblos et soudain pris de nostalgie[20] à la vue des «migrateurs» (*gꜣšw*) qui «descendent» vers l'Égypte et les lagunes du Delta[21].

24 Ainsi, l'histoire de l'*iconographie* des migrations aviennes s'ouvre-t-elle pour l'égyptologue et pour l'ornithologiste, avec la «Salle des Saisons» du pharaon *Nj-Wsr-Rʿ*, sur la plus remarquable nomenclature systématique[22] parvenue jusqu'à nous avant l'incomparable manuscrit du *De arte venandi cum avibus* de l'empereur Frédéric II de Hohenstaufen (1194-1250)[23].

Mais il y a plus: à notre connaissance, l'histoire de la *nomination linguistique* du «migrateur», comme tel, ne commence donc ni avec la Bible (*Jérémie* 8:7), ni avec Aristote (*Histoire des Animaux*, liv. VIII, chap. 12)[24], mais bien avec l'Égypte pharaonique, et ce, vers la fin du 3ᵉ millénaire avant notre ère. Et cette fois, pour l'observation ornithologique, l'Homme du Nil anticipe des certitudes somme toute très récentes dans la science occidentale sur l'éthologie des avifaunes (DORST 1962: 17-23).

[20] «Le secrétaire du prince sortit et vint à moi; il me dit: 'Qu'as-tu?' Et je lui répondis: 'Ne vois-tu pas les oiseaux migrateurs qui, pour la seconde fois, descendent en Egypte? Vois-les, ils vont vers les marais. Et moi jusques à quand resterai-je abandonné ici ...» (Traduction Lefebvre 1949: *Romans et contes égyptiens*, p. 218-219).

[21] Sur ces *qbḥ(w)*, voir Chassinat (1955: 19); sur les oiseaux fréquentant cet habitat, les *qbḥ(jw)* «ceux-des-lagunes(?)», voir en dernier lieu Meeks (1974: *BiOr* 32.25), qui traduit par «oiseaux migrateurs»; le mot pourrait désigner les «limicoles» du Delta.

[22] Il s'en trouve une autre qui date du Moyen Empire, à Béni Hasan; elle est, dans le détail et des noms d'oiseaux et des identifications de ceux-ci, parfois d'interprétation délicate; voir DAVIES 1949.

[23] Codex Ms. Pal. Lat. 1071, de la Biblioteca Apostolica Vaticana. Il existe, de ce document inestimable, une somptueuse édition en fac-similé, dont on a tiré récemment une reproduction en livre de poche, éd. C. A. Willemsen 1980¹, 1982²: *Das Falkenbuch Kaiser Friedrichs II, nach der Prachthandschrift in der Vatikanischen Bibliothek*. «Die bibliophilen Taschenbücher Nr 152». Harenberg: Dortmund. Reproduction du Flamant, fol. 39v *phoenicopterus*; comparer avec notre pl. I. La modernité du grand Hohenstaufen tient à son exigence méthodologique exemplaire — «manifestare ea, quae sunt, sicut sunt» —; à sa compétence d'observateur tout autant qu'à son jugement incisif de précurseur «Aristote parle par ouï-dire, mais la certitude ne saurait naître de racontars».

[24] Cf. DORST 1962: 14-15.

25 Et c'est sans doute grâce à des observations incidemment faites en terre d'Égypte par des voyageurs avisés que les occidentaux redéfinissent ou redécouvrent — mais à grand peine — la notion de migration avienne. Sur cette question, le point a été fait par J. Dorst qui brosse dans son ouvrage sur «Les Migrations des Oiseaux» un historique nuancé des positions des occidentaux sur la reconnaissance scientifique du phénomène migratoire. Qu'il me soit ici permis, l'occasion s'y prêtant, de faire état d'opinions émises par des auteurs peu ou pas connus des ornithologues — Belon mis à part bien sûr. Leur voix, si modeste soit-elle, mérite d'être entendue.

Aux yeux de la postérité, éclipsé par la réputation d'ornithologiste de Pierre Belon du Mans (Dorst 1962: 19), son illustre devancier, Jean Palerne doit être cité pour une brève, mais exacte définition du phénomène migratoire basée sur l'observation directe. On lit dans sa relation de voyage en Égypte en 1581:

> «Or pour ce qu'il ne faict guieres plus froid en Égypte durant l'hyver, qu'il faict icy en esté, plusieurs oyseaux de ce quartier s'en vont retirer là: et principalement ceux de rivière, comme nous dirent plusieurs marchans, qu'y habitent: et en esté s'en retournent pour la grande chaleur qui y règne» (Sauneron [éd.] 1971: 58 = p. [37]).

Plus circonstanciées et plus fines encore sont les observations[25] qu'un flamand, Joos van Ghistele, né vers 1446, rapporte d'un voyage en Égypte effectué en 1482-1483[26]. Les voyageurs sont à Qéna, en Haute-Égypte:

> «Pendant que nos voyageurs étaient dans ces environs, ils trouvèrent un grand nombre de cigognes, ce dont ils s'étonnèrent et demandèrent si de tels oiseaux vivaient là toute l'année. Les gens du pays leur répondirent que non, mais qu'ils y venaient tous les ans à cette époque, c'est-à-dire deux à trois mois avant que le fleuve ne commence à décroître, ce qui se passe aux environs du mois d'août. Il faut donc comprendre que les cigognes ne couvent pas ailleurs que dans notre pays, mais si elles partent, cela n'a pas d'autre cause que les froides gelées qui règnent chez nous en hiver et aussi pour changer de saison comme le font beaucoup d'autres oiseaux». (Bauwens-Préaux [éd.] 1976: 210 = [186-187]).

Ces hommes, au lieu de rapporter des opinions reçues appuyées sur la Tradition, surent observer, s'étonner, s'enquérir, comparer et bien souvent expliquer. Ainsi de tout temps, terrain de choix pour l'observation des oiseaux, à tout prendre, l'Égypte n'aura pas démérité de l'ornithologie.

[25] Rares au Moyen-Âge, comme le souligne Dorst (1962: 17).

[26] Soulignons l'intérêt historique de ce texte, antérieur de peu à l'*Ortus Sanitatis* (1485); voir Dorst 1962: 17.

## IV. Conclusion

26 Dans le rapport Homme-Animal, tout trait éthologique observé, sélectionné, iconisé, conceptualisé, nommé est signe virtuel ou latent. Ce signe est-il explicite? Du même coup, il se charge de valeur, promu signe culturel, dès l'instant où un code le structure, dès l'instant où un système ordonné le rend producteur de sens. Il faut alors distinguer

(1) *Le signe graphique*: le trait zoologique sélectionné est évident, j'entends, pour nous; car il s'en faut de beaucoup qu'il le soit toujours. Exemples: l'image du Cormoran codera le concept «plonger»; celle de la Spatule, le concept «être plat, aplati»; celle du Flamant rose, la notion de couleur «rose-rouge-roux» etc...

(2) *Le signe-analogon* fonde par contraste une correspondance, connote une vertu, garantit l'efficace d'une praxis; il confine et culmine au symbole. Le fonctionnement, la portée et le sens de ces signes nous sont explorables et accessibles en autant que le thérapeute explicite — fût-ce indirectement — leur principe d'efficacité. Tel est le cas de notre texte magique copte faisant référence aux migrateurs (§ 6). Dans ce court texte magico-médical au formulaire stéréotypé, on surprend sur le vif un aspect essentiel de ce type de raisonnement. En vertu d'un principe dont on trouve bien sûr trace ailleurs — similia similibus curantur —, cette homéothérapie est censée opératoire. Elle consiste à neutraliser la dépression nostalgique — le désir du retour au village ⲟⲩϣⲱⲱⲛⲉ ⲉⲡⲉϥϯⲙⲉ — en se référant au migrateur tendu vers l'aire où chaque année il est de retour. L'Oiseau est ici plus qu'un symbole c'est un signe pharmacologique. L'observation crée une certitude fondant, pour l'égyptien, une application thérapeutique adéquate: le principe et le mode d'efficacité de cette dernière sont l'analogie. Avec le migrateur, le thérapeute décèle, ou élabore une correspondance, pour nous, à première vue, étrange, étrangère en tout cas à notre mode d'appréhension logique, mais après coup démontable selon la proportion:

| | |
|---|---|
| (a) nostalgie | (b) affectant un comportement humain; |
| (a′) retour migratoire | (b′) caractérisant un comportement avien type. |

Là, l'Oiseau n'est plus image pour l'Homme mais signe. Le milieu — observable — de l'Oiseau et le «milieu» — intériorisé, conceptualisé — de l'Homme ne sont pas perçus comme hétérogènes et fracturés, mais comme communiquants. De l'un à l'autre, il se tisse un lacis de correspondances telles que l'acte même de la nomination linguistique soit déjà une exploration et une explication de cette trame des deux milieux. Observer l'Animal permet de le caractériser, de le nommer, de l'individuer; nommer a une vertu; évoquer par le verbe un comportement spécifique, c'est déjà s'approprier son efficace, pour celui qui nomme et celui qui évoque. Si tel est bien l'itinéraire du thérapeute, le point de départ reste l'observation.

27 De même le théologien s'appuie sur une observation d'entomologiste d'une finesse surprenante pour caractériser au plus près une déesse égyptienne dont la «théodicée» est à préciser. Pour désigner un aspect foncier de *Slqt*, Selkis, il suffira

alors de faire suivre son nom, trois phonogrammes [hiéroglyphes], d'un signe approprié caractérisant un insecte d'eau de 16 à 23 mm, donc difficile à observer *in natura*, le «scorpion d'eau», ou la Nèpe, *Nepa cinerea* L. (Robert 1974[4]: 253-255). Le «double tube aérifère» des descriptions entomologiques modernes, c'est-à-dire le siphon respiratoire biparti est déjà présent dans le signe graphique égyptien L7 [hiéroglyphe]; observation paléographique qui a permis à Lacau (1971: 243) d'identifier trop brièvement, mais le premier, la Nèpe. Or il y a mieux. L'appendice caractérisant entre tous cet insecte du marais prend la forme suivante [hiéroglyphe] dans le signe graphique rare que j'interprète comme le siphon terminé par la bulle d'air qui forme cloche en surface, quand la Nèpe pompe et rejette l'air au ras de l'eau (pl. III 1-2). D'où ce composé ancien qui la désigne et la décrit avec une précision entomologique: [hiéroglyphes] (*Pyramides* 1375*c* NPM) *srqt* + *ḥt(j/w)*, littéralement /pompante + tuyau, tube/, d'où «Celle-dont-le-tube-aspire (l'air)».

28 On surprend là, avec le Flamant rose, le migrateur et la Nèpe, à trois degrés d'élaboration, chez l'inventeur du code graphique, chez le thérapeute et chez le théologien égyptiens, qui furent sans doute le même homme, on surprend là l'émergence même du signe et du symbole. La valeur de ces derniers est fonction de la qualité de l'observation zoologique. Faute de cette même observation, la transparence prime du sens nous reste — à nous — indéchiffrable.

Toutefois il n'est pas suffisant de marquer la différence de degré d'élaboration qui existe entre les signes graphiques, les signes magiques et les signes religieux. Il importe d'en souligner l'irréductibilité: ils ne sont pas du même ordre.

Ainsi le code graphique et les systèmes symboliques du thérapeute et du théologien sont-ils sans doute comparables, mais ils ne sont pas également explorables. Même incomplètement exploré de fait, le code graphique a une logique interne close, probable, réductible, prédictible. Par contraste, les systèmes symboliques que manipulent le thérapeute et le théologien sont d'essence poétique et discontinue; ils ont une logique interne ouverte, improbable, irréductible, imprédictible — même si tous ces degrés et ces modes de structuration du signe ont pour source le même observable, par exemple une donnée du milieu zoologique.

Cela dit, si l'on se donne pour tâche de pénétrer quelque peu l'imaginaire d'une culture, rien n'est sans doute plus impératif et rien n'est plus fructueux que de pratiquer l'observation zoologique et d'essayer de reconstruire avec modestie une des assises premières du phénomène religieux égyptien: je veux dire les observables de l'éthologie zoologique présupposés par le zoomorphisme du divin en Égypte.

## BIBLIOGRAPHIE


Bauwens-Préaux, R. [éd.] 1976 *Voyage en Égypte de Joos van Ghistele 1482-1483. Voyageurs occidentaux en Égypte*, volume 16. IFAO: Le Caire.

Borchardt, L. 1913 *Das Grabdenkmal des Königs Śaꜣḥu-Reʿ*. Band II. Leipzig.

CALDERINI, A. & DARIS, S. 1980 *Dizionario dei nomi geografici e topografici dell'Egitto Greco-Romano*. III, fasc. 2. Cisalpino-Goliardica: Milano.

CAPART, J. 1930 *Memphis à l'ombre des pyramides*. Vromant: Bruxelles.

ČERNÝ, J. 1976 *Coptic Etymological Dictionary*. Cambridge University Press: Cambridge.

CHASSINAT, E. 1921 *Un papyrus médical copte. MIFAO* 32. IFAO: Le Caire.

1955 *Le manuscrit magique copte n° 42573 du musée égyptien du Caire. Bibliothèque d'études coptes*, tome IV. IFAO: Le Caire.

COLIN, G.-S. 1967-68 «Quelques 'mots voyageurs' dans les parlers arabes et berbères du Maghrib», dans *Comptes rendus du Groupe linguistique d'études chamito-sémitiques* (*GLECS*) XII. 59-64.

CRUM, W. E. 1905 *Catalogue of the Coptic Manuscripts in the British Museum*. London.

1939 *A Coptic Dictionary*. Oxford.

DAVIES, N. M. 1949 «Birds and Bats at Beni Ḥasan», dans *JEA* 35. 13-20; pl. II-III.

DÉVAUD, E. 1923 «Notes de lexicologie copte», dans *Muséon* 36. 83-99.

DORST, J. 1962[2] *Les migrations des oiseaux*. Petite bibliothèque Payot: Paris.

1971 *Les oiseaux dans leur milieu*. Collection La grande encyclopédie de la nature. Éditions Rencontre: Lausanne.

DUELL, P. *et al.* 1938 *The Mastaba of Mereruka*. Chicago.

EDEL, E. 1955-64 *Altägyptische Grammatik*. *Analecta Orientalia* 34/39. Roma.

1961-64 *Zu den Inschriften auf den Jahreszeitenreliefs der «Weltkammer» aus dem Sonnenheiligtum des Niuserre. Nachrichten der Akademie der Wissenschaften in Göttingen* 1961, pp. 209-255; 1963, pp. 89-142; 143-217. Göttingen.

ETCHECOPAR, R. D. & HÜE, F. 1964 *Les oiseaux du nord de l'Afrique* (*de la Mer Rouge aux Canaries*). Éditions N. Boubée et Cie: Paris.

FAULKNER, R. O. 1977 *The Ancient Egyptian Coffin Texts*, vol. II. — Aris and Phillips Ltd: Warminster.

FECHT, G. 1960 *Wortakzent und Silbenstruktur*. Glückstadt-Hamburg-New-York.

GOLB, N. 1974 «The Topography of the Jews of Medieval Egypt», dans *Journal of Near Eastern Studies* 33. 116-149.

HOLWERDA, A. E. J., BOESER, P. A. A. & HOLWERDA, J. H. 1908 *Beschreibung der Aegyptischen Sammlung des Niederländischen Reichsmuseums der Altertümer in Leiden: Die Denkmäler des Alten Reiches. Atlas*. La Haye.

KAHLE, P. E. 1954 *Bala'izah*. Oxford.

KASSER, R. 1975 «L'idiome de Bachmour», dans *BIFAO* 75. 401-427.

KEIMER, L. 1955 «Notes de lecture», dans *BIFAO* 55. 7-20.

KUENTZ, Ch. 1935 Recension de Crum, W.E. 1934: A Coptic Dictionary, part IV, dans *Bulletin de la Société de Linguistique de Paris* 36, n° 108. 161-162.

LACAU, P. 1971 «Le signe [hieroglyph] *m*», dans *BIFAO* 69. 239-243.

LECLANT, J. 1979 *Recherches dans la pyramide et au temple haut du pharaon Pépi Ier, à Saqqarah*. Scholae Adriani de Buck memoriae dicatae. Leiden.

| | | |
|---|---|---|
| MEINERTZHAGEN | 1930 | *Nicoll's Birds of Egypt.* |
| OSING, J. | 1976 | *Die Nominalbildung des Ägyptischen.* Von Zabern: Mainz/Rhein. |
| | 1978 | Recension de Černý 1976, dans *JEA* 64. 186-189. |
| PECK, C. N. | 1959 | *Some Decorated Tombs of the First Intermediate Period at Naga ed-Dêr.* University Microfilms: Ann Arbor. |
| ROBERT, P. A. | 1974[4] | *Les insectes.* II: *Lépidoptères Diptères Hyménoptères Hémiptères.* Delachaux et Niestlé: Neuchâtel. |
| SALMON, G. | 1901 | «Note sur la flore du Fayyoûm d'après An-Nâboulsî», dans *BIFAO* 1. 25-28. |
| SAUNERON, S. [éd.] | 1971a | *Voyage en Égypte de Jean Palerne forésien, 1581. — Voyageurs occidentaux en Égypte*, volume 2. IFAO: Le Caire. |
| | 1971b | *Les voyages en Égypte de Jean Coppin, 1638-1646. — Voyageurs occidentaux en Égypte*, volume 4. IFAO: Le Caire. |
| SCHMIDT, C. | 1908 | *Der erste Clemensbrief in altkoptischer Übersetzung.* Hinrichs: Leipzig. |
| VIRÉ, F. | 1964 | «Index des noms arabes et berbères», dans Etchecopar, Hüe 1964: 575-606. |
| WESTENDORF, W. | 1965-77 | *Koptisches Handwörterbuch.* C. Winter: Heidelberg. |
| WILD, H. | 1953 | *Le tombeau de Ti*, II. *MIFAO* 65. IFAO: Le Caire. |

## ABRÉVIATIONS ET SIGLES

ASAE = *Annales du Service des Antiquités de l'Égypte*, Le Caire.
BIFAO = *Bulletin de l'Institut Français d'Archéologie Orientale du Caire.*
BiOr = *Bibliotheca Orientalis*, Leide.
CT = *Coffin Texts.*
JEA = *Journal of Egyptian Archaeology*, London.
ZÄS = *Zeitschrift für Ägyptische Sprache und Altertumskunde*, Berlin.

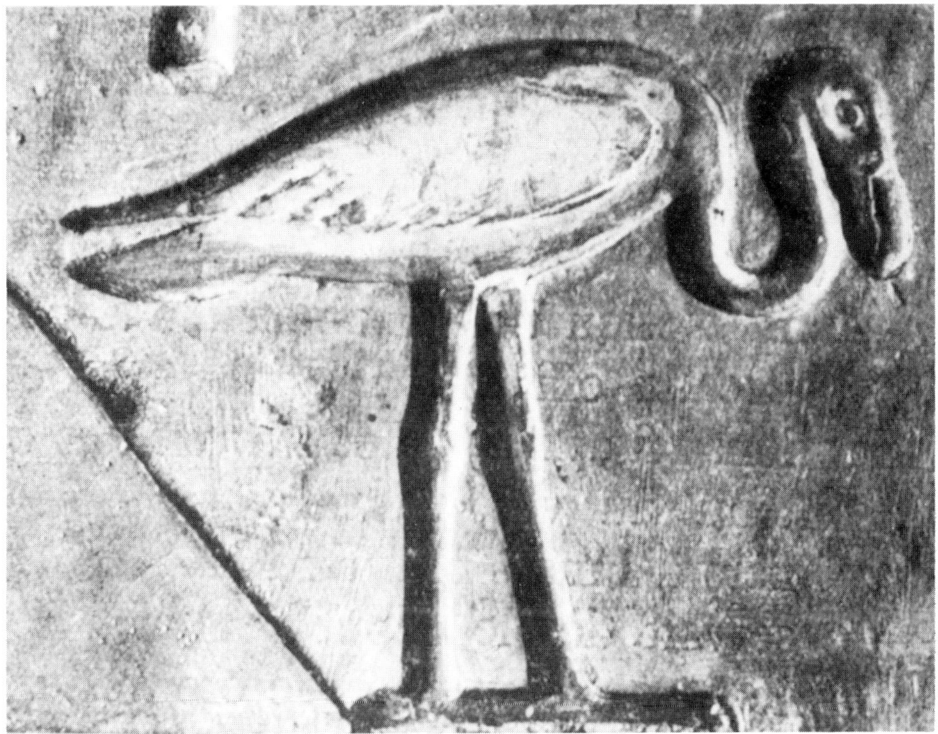

*Planche I.*

*Planche II.*

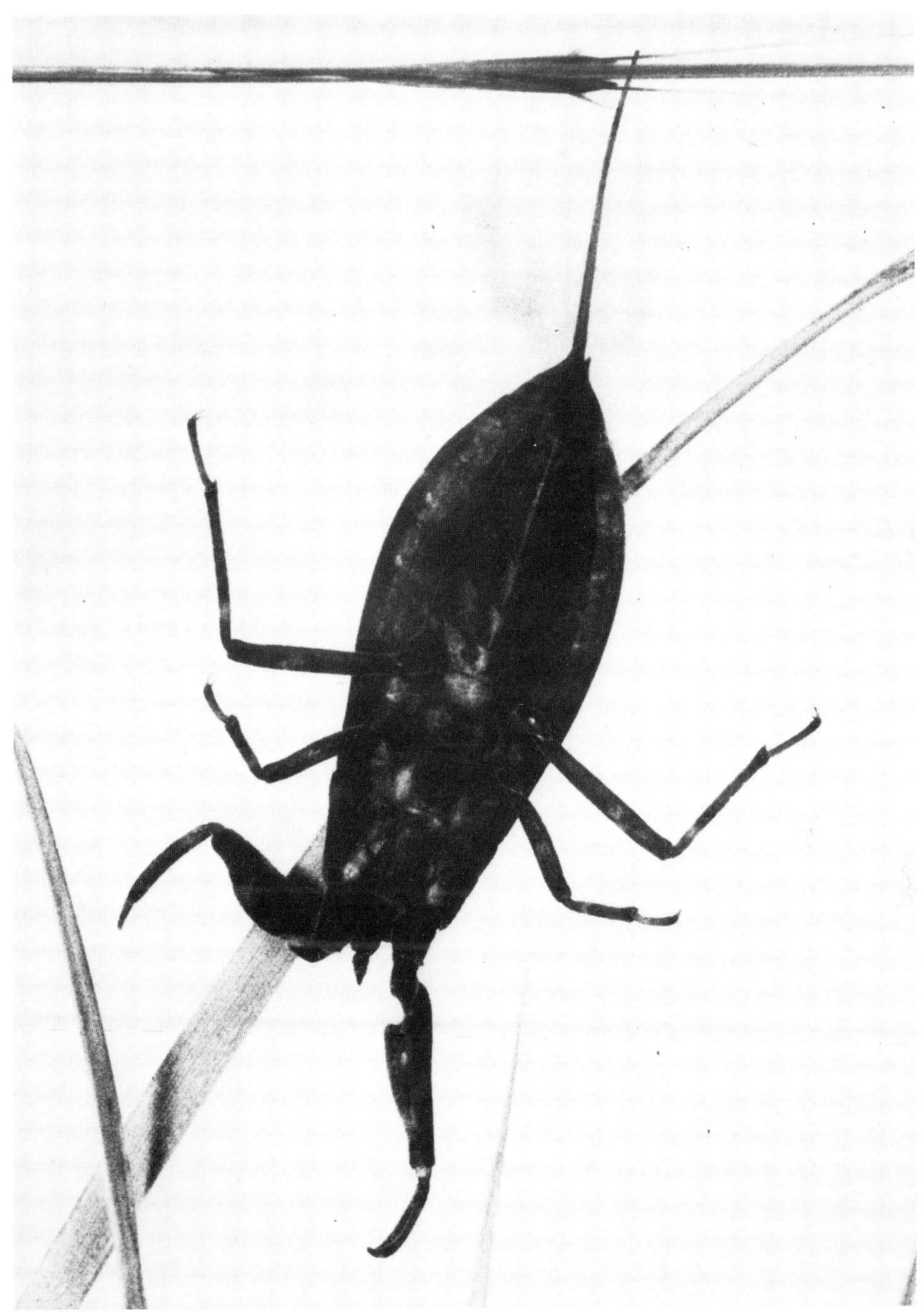

*Planche III, 1.*
*(Crédit photographique pl. III, 1-2, cl. Jacques Six, Paris).*

*Planche III, 2.*
(*Crédit photographique pl. III, 1-2, cl. Jacques Six, Paris*).

# DIVINITÉS ÉGYPTIENNES SUR DES ANIMAUX DANGEREUX*

Jan QUAEGEBEUR

Les figurations de divinités égyptiennes se tenant debout sur des animaux dangereux sont bien connues pour le Nouvel Empire (18ᵉ-20ᵉ dyn.); elles sont surtout fréquentes à la Basse Époque pharaonique incluant la 3ᵉ période intermédiaire (c.-à-d. 21ᵉ-30ᵉ dyn.) et se retrouvent encore régulièrement à la période gréco-romaine. L'espace de temps dans lequel se situent ces documents s'étend donc de 1500 av. J.-C. environ jusqu'aux premiers siècles de notre ère.

Il n'entre pas dans mon intention de traiter ici ce motif iconographique sous tous ces aspects. Je voudrais plutôt, à l'aide de quelques cas concrets, montrer que les rares commentaires que l'on peut lire à leur sujet sont superficiels, voire inexacts. On se rendra compte en outre que l'interprétation du thème est assez complexe et qu'il mérite un examen plus approfondi, qui devrait nous permettre de mieux définir le rapport entre le dieu, l'animal et l'homme.

Permettez-moi de commencer mon exposé en délimitant davantage le sujet. Il existe, au Nouvel Empire, un certain nombre de figurations d'une déesse nue, debout de face sur un lion passant. Malgré l'apparence égyptienne — la déesse est normalement coiffée de la perruque hathorique —, il s'agit d'une déesse asiatique désignée dans plusieurs cas comme Qadesh (ou Qudshu = «la sainteté»)[1]. Je ne discuterai pas ici ce cas puisqu'il s'agit d'une divinité non-égyptienne. D'ailleurs, dans quelle mesure la représentation même, dans laquelle on pourrait reconnaître «la souveraine des animaux sauvages» (la «*potnia thèron*»), s'explique-t-elle par des modèles égyptiens ou remonte-t-elle directement à des antécédents asiatiques[2]? À ma connaissance, la question n'a pas encore été étudiée en détail. Le motif de la divinité dressée sur un animal est bien attesté dans la glyptique du Proche-Orient ancien (cf. infra la contribution de Mᵐᵉ D. Collon). À l'époque babylonienne ancienne déjà, la déesse de la guerre Ishtar met le(s) pied(s) sur un ou deux lions.

* Cet exposé traite, de façon générale, un aspect d'une étude plus large que j'ai commencée il y a plusieurs années sur les documents relatifs au dieu Toutou (voir n. 9) et sur d'autres représentations apotropaïques comparables. Les références ont été limitées autant que possible. Les sources des illustrations sont indiquées en note.

[1] W. HELCK - E. OTTO† - W. WESTENDORF, *Lexikon der Ägyptologie* (cité dans la suite *LÄ*) vol. V. Wiesbaden 1983 (fasc. 33), 26-27 s.v. Qadesch. A. R. SCHULMAN, A Stela of Qudshu from Memphis. *BES* 4 (1982), 81-91 (pl. 1: Caire *JdE* 45535); comparer A. ROULLET, *The Egyptian and Egyptianizing Monuments of Imperial Rome* (*EPRO* 20). Leiden 1972, 141 et pl. CCXX fig. 326.

[2] Voir, par exemple, M.-Th. BARRELET, Les déesses armées et ailées. *Syria* 32 (1955), 222-260 et tout récemment U. WINTER, *Frau und Göttin. Exegetische und ikonographische Studien zum weiblichen Gottesbild im Alten Israel und in dessen Umwelt* (*Orbis Biblicus et Orientalis* 53). 1983, 110-114 (Qadesh) et passim.

Une influence asiatique est donc probable. Notons, au passage, que la déesse Astarté est souvent figurée en Égypte montée sur un cheval (qui peut difficilement être considéré comme un animal dangereux), empruntant ainsi un motif au Proche-Orient[3]. Voilà peut-être matière à discussion, mais je ne veux, pour ma part, élargir maintenant cette enquête. Remarquons, cependant, que la même composition — divinité sur un lion — se rencontre dans un contexte purement égyptien. Il y a lieu de se référer à des figurines du dieu Néfertoum dressé sur un lion passant ou couché. Ce genre de statuettes en faïence, souvent fragmentaires, se retrouve dans beaucoup de collections (*fig. 1*)[4]. Quel est le lien entre le dieu Néfertoum et le lion? Il suffira de faire remarquer que Néfertoum, troisième membre de la triade memphite, est une divinité lionne, nature qu'il partage avec sa mère Sekhmet, et qu'il est parfois représenté comme un lion dévorant l'ennemi. Le lion est donc ici un «animal-attribut» qui indique le caractère du dieu.

En lisant le titre de la présente communication, les égyptologues auront sans doute pensé en premier lieu à «Horus sur les crocodiles». On désigne, par ce terme, une catégorie importante de monuments ou d'objets prophylactiques, dont le type le plus courant représente le dieu Harpocrate, Horus l'enfant, au-dessus de deux crocodiles[5]. Nous verrons par la suite qu'il en existe des variantes intéressantes. Un très beau spécimen, connu sous le nom de «stèle de Metternich» et datant de la 30e dyn. (ca 350 av. J.-C.), est conservé au Metropolitan Museum of Art à New York (*fig. 2*)[6]. Au centre se tient le dieu-enfant Horus, les deux pieds posés sur le dos de deux crocodiles; ses mains serrent des serpents, des scorpions, un oryx et un lion rendus inoffensifs. Horus est entouré de toutes sortes d'emblèmes et de figures divines — comme le masque de Bès au-dessus de sa tête — qui agissent à leur façon contre les êtres malfaisants. Les deux sauriens sont généralement considérés comme des animaux hostiles domptés, comparables en quelque sorte aux bestioles néfastes que le dieu tient dans ses mains et dont on veut se défendre. Cette interprétation semble à première vue fondée. Comme nous l'apprennent les inscriptions, ces ex-votos étaient destinés à protéger l'homme contre les animaux dangereux, venimeux et carnivores, à le «sauver». Le crocodile était l'ennemi des habitants des rives du Nil; il était aussi l'ennemi mythologique d'Osiris flottant sur l'eau. Dans les conjurations magiques, il est souvent appelé *nḥ3-ḥr* «celui qui tourne

[3] J. LECLANT, Astarté à cheval d'après les représentations égyptiennes. *Syria* 37 (1960), 1-67; *LÄ* I (1975), 499-509 s.v. Astarte.

[4] *LÄ* IV (1982), 378-380 s.v. Nefertem, ne mentionne pas cette représentation. La *figure 1* est empruntée à R.L. LANZONE, *Dizionario di mitologia egizia* IV. Turin 1883, pl. 147. Comparer G. DARESSY, *Statues de divinités* (*Catal. gén. des antiq. égypt. du Musée du Caire*). 1905, nº 38088/9 (vol. 2, pl. 7).

[5] *LÄ* III (1980), 60-61 s.v. Horusstele.

[6] Pour des photos, voir N.E. SCOTT, *Bull. Metrop. Mus. Art* IX, 8 (1951), 201-217. Le texte est publié par C.E. SANDER-HANSEN, *Die Texte der Metternichstele* (*Analecta Aegyptiaca* 7). Copenhague 1956 (où on trouvera p. 9 les références aux publications de Golenischeff et de Moret qui donnent les dessins).

*fig. 1*

*fig. 2*

le visage». Je cite un passage d'une formule dans laquelle il est dit aux crocodiles: «En arrière vous qui êtes dans l'eau, cet ennemi ... Ne soulevez pas vos faces, vous qui êtes dans l'eau ...»[7]. L'iconographie confirme d'ailleurs le symbolisme du crocodile comme incarnation du mal. Référons-nous, à titre d'exemple, à une sculpture tardive conservée au Louvre, qui représente Horus, comme légionnaire romain, monté sur un cheval, en train de détruire le crocodile. On y a reconnu une préfiguration de S. Michel terrassant le dragon[8]. L'acte de piétiner l'adversaire est en outre un thème classique dans les textes et les représentations égyptiens.

On a pensé pouvoir reconnaître une situation analogue dans une série de reliefs reproduisant le dieu-sphinx Toutou. Cette divinité, dont le nom est rendu en grec par Totoès ou Tithoès, a fait l'objet de plusieurs études dans les vingt cinq dernières années[9], mais je crois que l'on est loin d'avoir épuisé le sujet. Comme exemple, je voudrais prendre un relief cultuel conservé à Vienne (*fig. 3*). Au centre de la stèle, on voit un sphinx marchant à droite qui «foule aux pieds un serpent», pour reprendre une expression souvent utilisée à ce propos. Outre la présence du griffon et de la déesse Athéna-Neith[10], j'attire l'attention sur la queue qui se termine en uraeus. Dans son étude sur cette pièce, R. Noll y a reconnu une représentation symbolique d'une idée qu'il formule ainsi: «le triomphe du bien (représenté par le sphinx) sur le mal (figuré par le serpent en-dessous des pattes du sphinx)»[11]. Nous savons, en effet, que le serpent — comme le crocodile, le scorpion, l'hippopotame, l'oryx ou la tortue — peut être une image du mal. Pensons à la vignette du *Livre des Morts* où le chat tue le serpent Apophis[12] ou au roi qui prend la forme du dieu Onouris pour tuer l'animal séthien (par exemple sur la porte d'Évergète à Karnak)[13]. Le serpent sous les pattes du sphinx serait alors parallèle aux deux crocodiles sous les pieds d'Horus; dans les deux cas la même idée serait exprimée. Aussi acceptable que l'interprétation du serpent comme symbole du mal dans ces stèles de Toutou puisse paraître à première vue, je voudrais formuler quelques objections, avant de reprendre la question des cippes d'Horus.

[7] SANDER-HANSEN, *op. cit.*, 31, 33 (l. 40).

[8] Voir e.a. G. MICHAILIDES, *Bull. Soc. d'Archéol. Copte* 13 (1948-49), 1951, 91 et pl. 3b. On comparera avec fig. 33 p. 86: le Christ écrasant sous ses pieds divers animaux malfaisants; ce thème sera traité plus en détail à une autre occasion.

[9] Étude de base: S. SAUNERON, Le nouveau sphinx composite du Brooklyn Museum et le rôle du dieu Toutou-Tithoès. *Journal of Near Eastern Studies* 19 (1960), 269-287. On se reportera aussi à l'article Tithoes dans le *LÄ* (à paraître).

[10] Voir, à ce propos, J. QUAEGEBEUR, De l'origine égyptienne du griffon Némésis, dans *Visages du destin dans les mythologies. Mélanges J. Duchemin.* Paris 1983, 41-54 et *id.*, Cultes égyptiens et grecs en Égypte hellénistique, dans *Egypt and the Hellenistic World* (*Studia Hellenistica* 27). Lovanii 1983, 308-310.

[11] R. NOLL, Römerzeitliches Sphinxrelief mit griechischer Weihinschrift aus Ägypten. *Jahreshefte des Österr. Archäol. Inst. in Wien* 42 (1955), 67-74, spéc. 68-70 (inv. n° 5077); et, tout récemment, E. BRUNNER-TRAUT - H. BRUNNER, *Osiris, Kreuz und Halbmond.* Mainz am Rhein 1984, n° 135 fig. p. 162 et p. 161: «Indem sie eine Schlange zertritt, gibt sie sich als Herrin über das Böse zu erkennen».

[12] Voir, par exemple, M. SALEH, *Das Totenbuch in den thebanischen Beamtengräbern des Neuen Reiches* (*Archäol. Veröff.* 46). Mainz am Rhein 1984, 18-19.

[13] P. CLÈRE, *La porte d'Évergète à Karnak* (*Mém. Inst. Franç. d'Archéol. Orient.* 84). Le Caire 1961, pl. 11.

*fig. 3*

*fig. 4*

*fig. 5*

*fig. 6a*

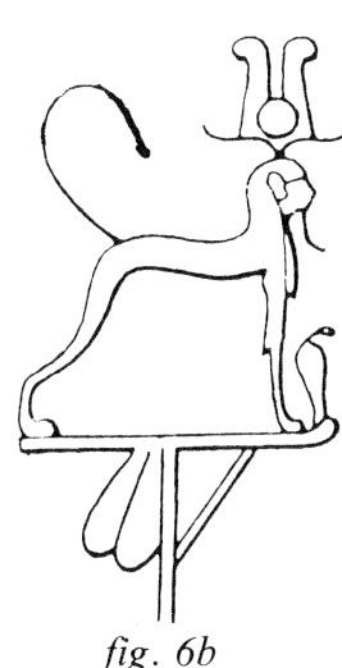

*fig. 6b*

*fig. 7*

En premier lieu, on constate que le reptile est très souvent un cobra, et le cobra ou l'uraeus est un animal royal et divin qui écarte les influences mauvaises. Pensons à l'uraeus sur le front des pharaons. En outre, l'uraeus devant les pattes du sphinx est parfois coiffé du disque solaire. Pareille figuration concrète du serpent est incompatible avec la représentation du serpent comme symbole du mal.

Deuxièmement, le serpent sous les pattes du sphinx peut être remplacé par quatre petits cobras, un à chaque patte, ou il peut tout simplement être omis (*fig. 4*)[14]. Sa présence n'est donc pas essentielle. Mais sans le serpent, l'interprétation de Noll perd sa signification.

Un troisième argument décisif, s'il en était encore besoin, nous est fourni par la comparaison avec une statue du musée de Brooklyn publiée par S. Sauneron (*fig. 5*)[15]. Ce Toutou en ronde bosse montre clairement que le sphinx est *accompagné* de *deux* serpents. Sur la pièce originale, on peut encore distinguer, entre les pattes du sphinx, les contours rudimentaires d'un crocodile. La confrontation des représentations en relief avec cette statue ouvre de nouvelles perspectives, tout en nous rappelant que, pour interpréter un tableau égyptien, il faut toujours tenir compte des conventions particulières du dessin égyptien. Pour mieux illustrer le problème de la transposition d'une réalité à trois dimensions dans une image à deux dimensions, je voudrais faire appel au motif du sphinx sur la barque, motif qui est étroitement apparenté à celui du sphinx Toutou. Le sphinx et l'uraeus se retrouvent très souvent sur un étendard dans la même position que le dieu Toutou sur le serpent (*fig. 6a*). Dans certains cas, il y a moyen de reconnaître les têtes dressées de deux cobras (*fig. 6b*)[16]. La présence de deux uraeus qui flanquent le sphinx est confirmée par des pièces en bronze (*fig. 7*)[17]. Dans les représentations du sphinx sur la barque, le sphinx se tient donc seulement en apparence sur le serpent ou plutôt les serpents. Ceux-ci ne sont, en réalité, pas en-dessous, mais à côté du sphinx; ils l'accompagnent et ne peuvent donc être des incarnations de la force nocive. On retrouve le serpent dans des contextes analogues en compagnie d'autres animaux divins, comme le chacal et le faucon. Comparons, par exemple, le dessin d'un chacal précédé d'un cobra (*fig. 8*) avec un bronze du Louvre qui se compose clairement du chien et de deux uraeus qui le flanquent (*fig. 9*)[18]. Dans un cas rare comme celui d'un petit étendard en or trouvé en Nubie, il n'y a qu'un serpent[19]. Je suis porté à croire que la forme concrète pourrait être due à l'influence des figurations sur les parois des temples qui comportent un seul serpent.

[14] L'exemple choisi (*fig. 4*) est une stèle de Turin: SAUNERON, art. cit., 273 n° 39; dessin d'après LANZONE, *Dizionario* IV, pl. 105.

[15] Art. cit., pl. 11-12 (Brooklyn n° 37.1509E).

[16] Pour les figures, voir H. H. NELSON, *Reliefs and Inscriptions at Karnak* II. *Ramses III's Temples* (*Oriental Inst. Public.* 35). Chicago 1936, pl. 84, 90, 92.

[17] *Fig. 7* est faite d'après le catalogue *Égypte Éternelle. Chefs-d'œuvre du Brooklyn Museum*. Bruxelles 1977, n° 54 (Brooklyn n° 61.20).

[18] *Fig. 8*: détail repris de la planche 47 de la publication *The Temple of Khonsu* I (*Oriental Inst. Public.* 100). Chicago 1979; *fig. 9*: dessin d'après *Encyclopédie Photographique de l'Art. Le Musée du Louvre* I. Paris 1935, p. 129.

[19] S. WENIG, *Africa in Antiquity* II. The Brooklyn Museum 1978, n° 174 (Munich Ant. 2497).

Afin d'illustrer comment une représentation en ronde bosse peut occasionnellement être influencée par les reproductions sur une surface plane, une petite excursion me paraît souhaitable. Quelques statuettes représentent le dieu Onouris portant sur la tête sa couronne spécifique composée d'un arrangement de quatre hautes plumes qui forment un tube de section plus ou moins carrée (chaque plume correspond à une face)[20]. Dans les reliefs (cf. n. 13: la porte d'Évergète) et les peintures, les quatre faces ont été juxtaposées pour indiquer qu'il y a effectivement quatre plumes. Cette figuration décomposée, normale dans les scènes pariétales, se retrouve à son tour dans la sculpture[21]. Dans ces derniers cas, la forme de la couronne a été copiée d'après les figurations planes. On pourrait facilement multiplier les exemples de l'influence d'une image à un seul plan sur les représentations à trois dimensions (e.a. plusieurs couronnes à plumes, comme celles d'Amon, de Néfertoum, de Bès etc.).

Les figurations discutées plus haut nous montrent donc que les serpents sont à considérer dans ce contexte comme des serpents-protecteurs qui renforcent le caractère apotropaïque de la divinité. De l'analyse iconographique il résulte, je crois, qu'il faut écarter définitivement l'interprétation selon laquelle le serpent serait dans cette situation l'adversaire de la divinité, dompté par celle-ci.

Du serpent, revenons-en au crocodile. Nous avons constaté que le crocodile était présent entre les pattes de Toutou dans la statue de Brooklyn. Dans beaucoup de reliefs de Toutou, le corps du sphinx ou du lion est complété par une tête de crocodile qui sort de sa poitrine. Pareilles divinités composites ne sont pas exceptionnelles dans l'iconographie égyptienne. L'adjonction d'une tête de crocodile au dieu Toutou est, selon moi, une étappe dans son évolution vers un dieu panthée. La tête représente l'animal entier, comme on peut en juger par un relief au Caire où le reste du corps du crocodile se voit derrière le sphinx[22]. Toutou, portant l'épithète «grand de vaillance» (*ʿ3 pḥty*), s'approprie la nature puissante du crocodile, lui aussi souvent désigné comme «grand de vaillance». La présence du crocodile à côté de Toutou ou s'assimilant à lui ne peut donc s'expliquer par une opposition hostile entre le crocodile et le dieu-sphinx. Ils ont plutôt une nature commune; ce sont des êtres divins puissants vers lesquels les hommes se tournent pour être protégés contre le mal qui les guette sous toutes ses formes. Comme le serpent et d'autres divinités à nature animale — pensons à Sekhmet — le crocodile a un double caractère: il est «grand de vaillance» ou même désigné par le nom de Soknobraisis «Soukhos, possesseur d'une gueule terrifiante»[23]; d'autre part il est un dieu clément, protecteur, portant e.a. l'épithète *nfr-ḥr*, en grec Nepheros, «bon de visage»[24], ou indiqué par le nom *šmʿ-nfr*, Semenouphis en grec, nom que je traduirais par «l'être long et

[20] Voir, par exemple, DARESSY, *op. cit. CG* nº 38023 (vol. 2, pl. 2).

[21] *Ibid.*, nº 38025 (pl. 3).

[22] Voir Musée du Caire *JdE* 64938; photo dans *Annales du Service des Antiq. Égypt.* 35 (1935), pl. 1; voir aussi *ibid.*, 4-24.

[23] *LÄ* V (1984, fasc. 39), 1054-1055 s.v. Sokanobkoneus.

[24] *LÄ* IV (1982), 456-457 s.v. Nepheros.

étroit qui est bon», plutôt que par «le beau Méridional»[25]. Le dieu-crocodile est bon pour le fidèle, mais terrible pour celui qui n'est pas dans ses grâces. Ce dernier aspect explique que le crocodile peut occasionnellement symboliser le mal que le roi ou les dieux anéantissent.

Comment interpréter alors les deux crocodiles sur les cippes d'Horus et monuments apparentés? Il y a lieu de constater que les deux reptiles sont représentés de façons différentes: parfois les deux crocodiles, dont un tourne la tête, sont en position croisée, parfois les deux animaux dangereux sont côte à côte, mais regardent dans des directions opposées, dans d'autres cas encore les deux bêtes tournent la tête. On se demande sans doute comment il faut imaginer leur position en ronde bosse. Ne pourrait-il s'agir d'une reproduction du dieu protecteur flanqué de deux crocodiles — comme Toutou accompagné de deux serpents — que l'on a dû figurer sur un seul plan? Aussi faut-il signaler l'existence de figures divines debout sur un seul crocodile[26]. N'est-il pas tentant d'y reconnaître une problématique parallèle à celle du sphinx ou d'autres divinités sur le serpent?

Pour essayer de résoudre la question de savoir comment expliquer l'image concrète d'Horus sur les crocodiles, tenant compte des particularités des moyens d'expression plastiques de l'art égyptien, il faut verser d'autres pièces au dossier. Il convient de mentionner, en premier lieu, certaines représentations du dieu Shed, c.-à-d. le «Sauveur», qui est en quelque sorte le précurseur d'Harpocrate sur les crocodiles. Ainsi une stèle votive d'un certain Ramose, ayant vécu à la 19e dyn., présente-t-elle ce dieu Shed dessiné sur une ligne de base, en-dessous de laquelle se trouvent deux crocodiles (*fig. 10*)[27]. Par ce procédé inhabituel, le sculpteur a essayé d'indiquer, me semble-t-il, que le dieu n'est pas «sur» les crocodiles, c.-à-d. que ceux-ci ne sont pas sur le même plan vertical que le dieu. Aussi faudrait-il expliquer comment concevoir en ronde bosse Harpocrate sur deux crocodiles et un serpent (*fig. 11*)[28] ou sur quatre crocodiles et deux serpents; dans ce dernier cas, deux serpents flanquent encore la stèle et leurs têtes se trouvent au-dessus du masque grimaçant de Bès[29]. On a de la peine à reconnaître ici dans les crocodiles et les serpents, des animaux hostiles au dieu.

Considérons maintenant quelques statuettes de divinités composites, apparentées à Horus sur les crocodiles. Cette catégorie de divinités, souvent appelées dieux

[25] Cf. J. QUAEGEBEUR, Sénénouphis, nom de femme et nom d'homme. *Chron. d'Égypte* 56 (1981), 350-359, spéc. 355-356 et *LÄ* V (1983, fasc. 36), 575 s.v. Schemanefer.

[26] Par exemple, DARESSY, *op. cit. CG* nº 38620 (vol. 2, pl. 34) et *id.*, *Textes et dessins magiques (Catal. gén. des antiq. égypt. du Musée du Caire)*. 1903, nº 9402 (pl. 2).

[27] Voir, en général, D. MEEKS, dans *Génies, anges et démons* (*Sources Orientales* 8). Paris 1971, 56-57. Dessin de la stèle de Ramose emprunté à B. BRUYÈRE, dans *Fouilles de l'Inst. Franç. d'Archéol. Orient.* 20/3, 1952, 142; photo dans le catalogue *Centenaire de l'Inst. Franç. d'Archéol. Orient.* Le Caire 1981, nº 45 (*JdE* 72024).

[28] *Fig. 11* empruntée à C. LEEMANS, *Aegyptische Monumenten van het Nederlandsche Museum van Oudheden te Leyden* I. *Godsdienst*. Leyde 1842, pl. XIII (1049).

[29] Voir S. BOSTICCO, *Museo Archeologico di Firenze. Le stele Egiziane* (III) *di epoca tarda*. Rome 1972, nº 55. Comparer Horus au-dessus de six crocodiles et un serpent: DARESSY, *Textes et dessins magiques.CG* nº 9419 (pl. 8).

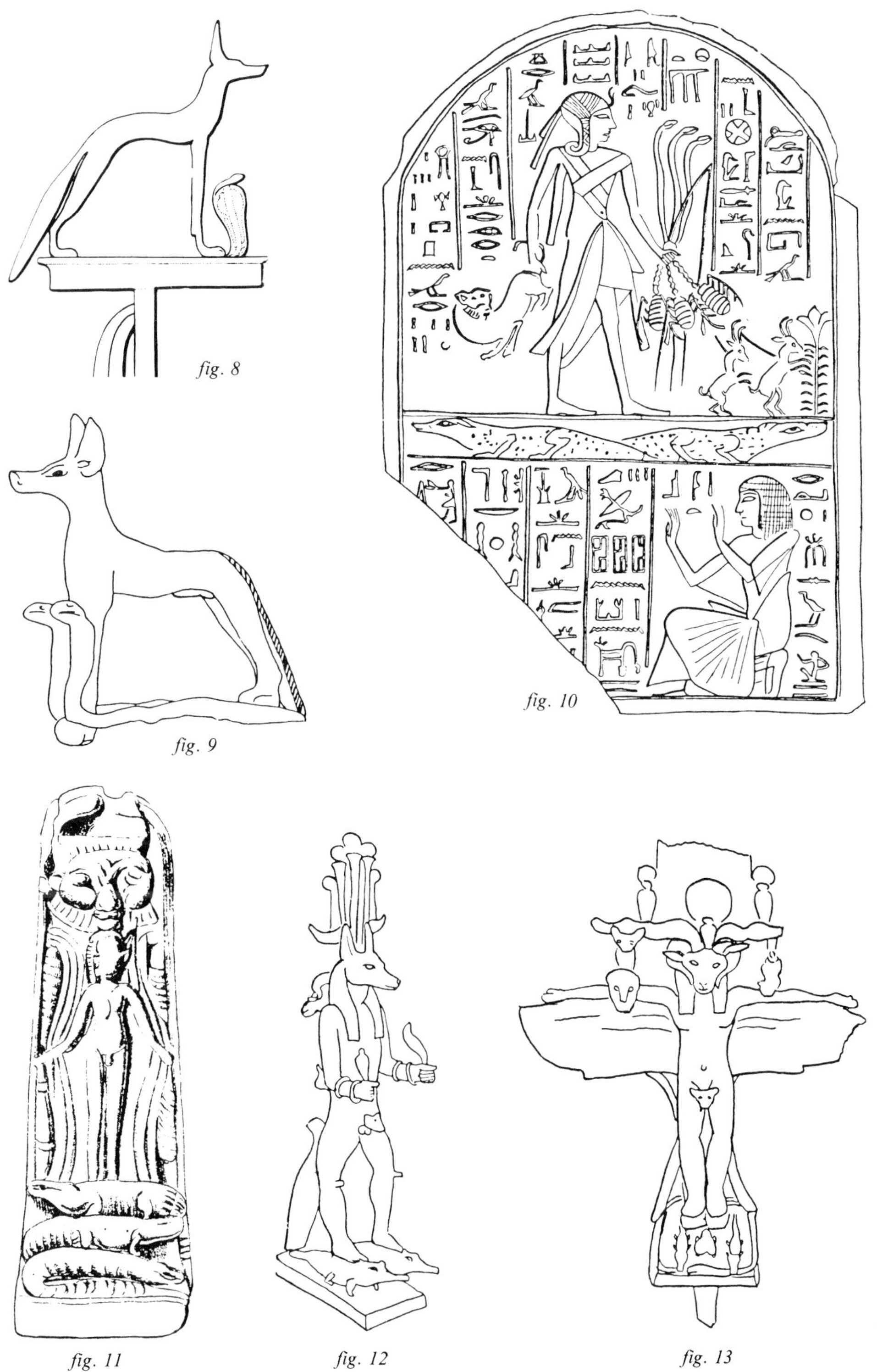

*fig. 8*

*fig. 9*

*fig. 10*

*fig. 11*

*fig. 12*

*fig. 13*

panthées, illustrent bien la multiplication, sur le corps d'un même dieu, de formes animales diverses. Le dieu panthée, à tête de Bès, de chacal ou/et de bélier, se tient à son tour quelquefois debout sur deux crocodiles (*fig. 12*), mais il est important de se rendre compte que dans d'autres cas les deux crocodiles rampent devant (*fig. 13*) ou à côté de lui[30]. Les crocodiles sont parfois escortés d'un scorpion ou d'autres animaux redoutables et on remarque très souvent autour de la base un serpent qui se mord la queue. Ne s'agirait-il pas d'animaux, nuisibles en eux-mêmes, qui, comme les cobras dans les mains ou occasionnellement aux genoux, expriment la puissance du dieu; non seulement le dieu les domine, mais ils sont aussi à sa disposition: ils constituent en quelque sorte ses armes. À propos du scorpion, je signale qu'il se retrouve aussi dans les représentations de Toutou, où ce reptile dangereux, maléfique pour les hommes, est au service du dieu. La démonstration est facile. Les pattes du dieu sont parfois équipées de couteaux (*fig. 14*)[31], mais il arrive aussi que deux pattes soient armées de couteaux, tandis que les deux autres sont pourvues de scorpions, ou que l'on voie d'une part deux couteaux et d'autre part deux cobras fixés aux pattes. Les scorpions assument alors la même fonction que les serpents: ce sont les armes du dieu. Le parallélisme entre scorpion et crocodile est finalement encore mis en évidence par des figures divines posant un pied sur un crocodile et l'autre sur un scorpion[32].

Il y a d'autres arguments que l'on pourrait invoquer pour montrer que les deux crocodiles ne constituent pas l'ennemi paralysé par le dieu. Par exemple le fait que les deux crocodiles sous les pieds du dieu, Bès en l'occurence, peuvent être remplacés par deux uraeus (*fig. 15*)[33], dont la nature apotropaïque n'est pas douteuse. Mentionnons aussi les figurines des dieux patèques. Le nain difforme a souvent l'air de se tenir de façon étrange sur les têtes de deux crocodiles (*fig. 16*)[34]. Deux faucons sont parfois sur ses épaules, tandis que ses mains serrent deux serpents. Il convient, à mon avis, d'attribuer aux crocodiles, aux faucons et aux serpents la même fonction, comme cela se manifeste dans d'autres contextes.

Comme dernier argument, j'aimerais mentionner une statuette en faïence qui figure la forme bissexuelle ou la contrepartie féminine (Beset) du dieu Bès tenant sur le bras un enfant (*fig. 17*)[35]. Si je ne me trompe, on reconnaît sous la divinité et

[30] Cf. G. ROEDER, *Ägyptische Bronzefiguren*. Berlin 1956, 102-103: *fig. 12* = Abb. 136 et *fig. 13* = Abb. 130. Pour un bel exemple où le dieu est flanqué de deux crocodiles, voir DARESSY, *Statues de divinités*. *CG* nº 38696 (vol. 2, pl. 37). Voir encore *Ägyptische Kunst. Münzen und Medaillen AG Basel*. Auktion 59, 1981, nºs 61-62.

[31] La pièce est reproduite dans SAUNERON, art. cit., 273 nº 33 et pl. 10B (actuellement Leyde F. 1959/5.1).

[32] Voir, par exemple, DARESSY, *Textes et dessins magiques*. *CG* nº 9402, revers (pl. 3, registre inférieur).

[33] *Fig. 15*: LANZONE, *Dizionario*, pl. 80.

[34] *Fig. 16*: LEEMANS, *op. cit.*, pl. III (186). Voir en général *LÄ* IV (1982), 914-915 s.v. Patäke.

[35] *Fig. 17*: BM 26267, cf. R. PATRICK, *La mythologie égyptienne*. Paris 1976, 3 et pl. 54. Comparer Bès sur les épaules d'une femme (à côté d'elle un enfant) qui se tient debout sur une grenouille, cf. Kl. PARLASCA, dans *Athenische Mitt. DAI* 68 (1953), 133 (16) et pl. 46, 3.

*fig. 14*

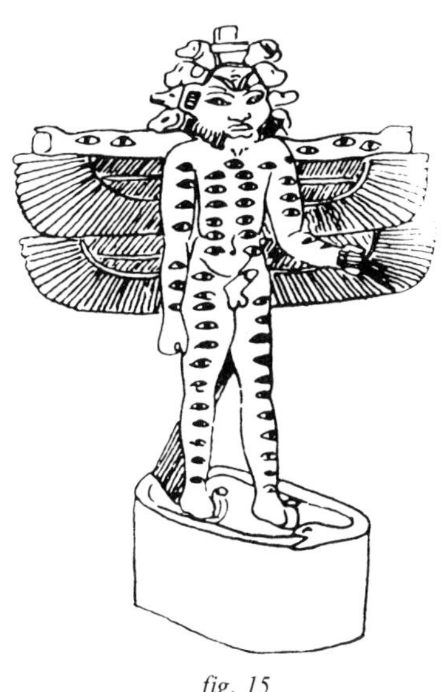

*fig. 15*

*fig. 16*

*fig. 17*

*fig. 18*

*fig. 19*

au-dessus de l'ombelle de papyrus deux grenouilles. On retrouve Bès dans la même position flanqué de deux lions (*fig. 18*)[36]. La grenouille est un symbole de la régénération et est étroitement liée à la naissance. Elle n'est pas considérée en Égypte comme un animal maléfique. Est-il concevable qu'il y ait une opposition fondamentale entre cette divinité sur les grenouilles, Bès avec deux lions et les dieux panthées ou patèques sur les crocodiles? Je crois plutôt que les grenouilles, d'une part, et les lions et crocodiles, d'autre part, s'associent respectivement à une protectrice de la naissance et à un dieu guérisseur ou plus généralement prophylactique, parce qu'il existe un lien naturel (une complémentarité en quelque sorte) entre la divinité centrale et ses acolytes qui l'accompagnent ou qui le portent.

Avant de tirer des conclusions, je signale encore un relief, conservé au Musée de Turin, qui nous présente l'Aphrodite de Rhodes (Aphrodite anadyomène), coiffée d'une couronne égyptienne et agenouillée sur deux crocodiles (*fig. 19*)[37]. Sans pouvoir approfondir ici l'étude de cette pièce peu soignée, mais intéressante, je voudrais dire que j'aimerais reconnaître dans cette déesse une forme hellénistique de la déesse Neith[38]. S'agit-il ici de deux monstres maléfiques vaincus par la déesse nue? D'autre part, le lien entre les deux crocodiles et Neith est bien connu: parfois elle les allaite et par les textes nous savons qu'elle est mère du dieu crocodile. L'enquête pourrait se poursuivre sur cette voie et sur d'autres, mais elles nous mèneraient trop loin.

Concluons. Le motif de la divinité se tenant debout «sur» des animaux dangereux en Égypte ancienne est bien connu mais mal étudié. Pour des raisons pratiques, je me suis limité essentiellement au serpent et au crocodile figurés aux pieds de divers dieux[39]. Dans le premier cas, où nous sommes partis de Toutou sur le serpent, il est incontestable que le serpent, ou plutôt les serpents, accompagnent le dieu, qu'il soit sphinx, chacal, faucon ou divinité anthropomorphe. Le cas des représentations du type «Horus sur les crocodiles» est plus compliqué. J'ai essayé de réfuter l'opinion courante selon laquelle cette iconographie exprime l'image d'un dieu piétinant des animaux hostiles qu'il doit éliminer. Il me semble qu'il y a des indices, pour ne pas dire plus, que ces animaux dangereux doivent être considérés comme des êtres divins effrayants dont la nature est mise au service ou est à la disposition du dieu central. Toutefois, dans le cas d'Horus sur les crocodiles, je n'oserais exclure toute ambiguité[40]. En effet, les textes mentionnent explicitement le crocodile comme animal nuisible, au même titre que le serpent, le scorpion e.a. Notons, au passage, qu'on ne retrouve jamais le crocodile soulevé dans les mains du dieu comme les autres bestioles sauvages. Nous nous sommes occupés ici seulement

[36] *Fig. 18*: ROEDER, *Bronzefiguren*, 95 Abb. 124.

[37] *Fig. 19*: A. ROCCATI, *Il Museo Egizio di Torino*. Rome 1978, 70 (Fig. N. 53).

[38] Cf. QUAEGEBEUR, Cultes égyptiens et grecs en Égypte hellénistique (cf. n. 10), 318-321.

[39] J'ai poussé un peu cette enquête dans ma contribution Textes bibliques et iconographie égyptienne, dans *Bible et Orientalisme* (Colloque de Strasbourg, Mai 1983).

[40] Voir, par exemple, E. CHASSINAT, *Le mammisi d'Edfou* (*Mém. Inst. Franç. d'Archéol. Orient.* 16). Le Caire 1939, pl. LVI; cette question sera reprise plus en détail ailleurs.

d'un aspect des dieux composites, celui des animaux dangereux aux pieds de la divinité. S. Sauneron (cf. n. 9) a étudié et résolu dans une étude remarquable la question des têtes d'animaux qui s'entassent au-dessus et autour de la coiffure de certains dieux composites. Il a montré qu'ils ont une existence propre et constituent la cohorte des génies émissaires du dieu. Quant à notre problème, qui est différent et qui est un problème de syncrétisme religieux, je voudrais faire un rapprochement avec le crocodile qui fait partie de certains dieux composites. Le dieu-sphinx Toutou s'approprie souvent une tête de crocodile et le dieu Bès est occasionnellement équipé non seulement des plumes du faucon, mais aussi de la queue de crocodile[41]. Ces éléments de différents animaux représentent les aspects sous lesquels le dieu panthée, qui a pour fonction d'écarter les influences mauvaises, peut se manifester; ils matérialisent les énergies que le dieu totalise en lui. Ce qui est ici un élément constitutif du dieu composite peut ailleurs avoir une certaine indépendance.

L'étude des dieux panthées n'est pas terminée. Certains aspects n'en sont pas encore tout à fait élucidés. Les serpents que le patèque tient dans ses mains sont parfois remplacés par des plumes; ou faut-il penser à des couteaux[42]? Aussi retrouve-t-on parfois une plume d'autruche devant des dieux-animaux à la même place que le cobra qui précède l'être divin. Un autre point qu'il faudrait examiner plus en détail concerne les animaux sauvages dans le cercle cerné par le serpent qui se mord la queue (l'ouroboros) en-dessous de certains panthées.

Pour ce qui est du rapport entre l'animal dangereux, le dieu et l'homme, je résumerai brièvement mon point de vue en disant que le serpent et le crocodile sont des animaux qui sont maléfiques pour l'homme, mais non pas pour le dieu. Ils ne sont pas de véritables adversaires du dieu qui est nécessairement vainqueur du mal (Horus, Onouris e.a.). C'est ce dieu, disposant de la puissance de différents animaux dangereux et maître des génies émissaires, qui peut sauver l'homme et auquel se sont adressés les Égyptiens.

[41] Voir S. SAUNERON, *Le papyrus magique illustré de Brooklyn*. Brooklyn 1970, 11-15.

[42] Par exemple, WENIG, *Africa in Antiquity* II, 189-191 n$^{os}$ 106-107.

# LE BESTIAIRE ADAMIQUE DANS LES MOSAÏQUES DE ḤŪARTE (SYRIE, fin Ve s.): LE SYMBOLISME DU GRIFFON *

Pierre CANIVET

Au Ve siècle, nombreuses sont les églises du bassin méditerranéen dont les mosaïques de pavement sont décorées d'animaux: animaux immobiles ou qui passent à travers des espaces parsemés de fleurs stylisées et parmi de grands arbres et des plantes, animaux qui se poursuivent ou s'égorgent. Ce sont des motifs qui, en eux-mêmes, n'ont aucune signification religieuse. On les trouve dans les édifices civils et ils étonneraient plutôt dans les églises. Il n'est toutefois pas exclu que, dans les lieux de prière, leur présence soit pour les fidèles évocatrice de quelque réalité spirituelle. La littérature contemporaine, conformément à la tradition antique, curieuse des mœurs animales, se plaît en effet à discerner les qualités et les défauts des animaux. La fixité de leur tempérament et de leur comportement s'explique du fait que, chez eux, la raison et la liberté n'interviennent pas pour modifier et corriger les orientations déterminées de leur nature. Ils présentent ainsi des types des vertus et des vices que les fabulistes ont exploités pour illustrer la morale populaire, tandis que, intrigués par le mystère de l'âme animale et ses curieuses correspondances avec le reste du cosmos, les textes hermétiques ont révélé les secrètes puissances qu'elle possède et que l'homme peut s'approprier en recourant à la magie. Dans la mouvance de ces écrits, le *Physiologus* chrétien ne retient des animaux que leur signification spirituelle en rapport avec tel passage de l'Écriture sainte ou tel mystère chrétien, pour offrir aux fidèles comme un signe vivant des vérités invisibles et les aider à dégager le sens caché de l'univers dont tous les éléments concourent à révéler l'œuvre de la parole divine. On comprend dès lors que les animaux puissent être chargés d'une multitude de symboles et que leurs diverses significations n'aillent pas sans contradictions. Du moins ne risque-t-on pas de se tromper lorsque l'on voit en eux des symboles des passions de l'âme. Le fameux

* À 15 km au Nord d'Apamée-sur-l'Oronte, le village de Ḥūarte possédait dès la fin du IVe s. une basilique et un baptistère entièrement mosaïqués, ainsi qu'un tombeau collectif aménagé à proximité dans le rocher. Ébranlés par le séisme de 458, ce complexe fut rasé et remplacé par un ensemble monumental plus important, comprenant deux églises parallèles, dont l'une, construite sur l'ancien tombeau collectif, fut dédiée à saint Michel (le *Michaelion*) et un baptistère; ces trois édifices étaient articulés par des portiques et un grand escalier. L'ensemble, entièrement mosaïqué, est daté par ses inscriptions de 483 à 487. — Voir M.-T. et P. CANIVET, «L'ensemble ecclésial de Ḥūarte d'Apamène», *Syria* LVI, 1-2 (1980), 65-98; «Il complesso ecclesiale del IV°-V° secolo a Ḥūarte (Siria)», *Rivista di archeologia cristiana* LVI (1980), 142-172; (†) M.T. CANIVET, «I mosaici di Ḥūarte d'Apamene», *III Colloquio internazionale sul mosaico antico* (Ravenna 6-10 sett. 1980), Ravenna 1984, 247-252; M.T.(†) et P. CANIVET, «Recherches en Apamène: Ḥūarte (IVe-VI[e] s.)», *Damaszener Mitteilungen* I (1983), 21-29 et Pl. III-IV.

texte du *Phèdre* 230 *a* est au départ de cette comparaison. La tradition juive alexandrine et la tradition chrétienne en ont tiré les conséquences. Les exemples foisonnent, en particulier dans les *Hexaemeron* qui sont des commentaires du récit biblique des six jours de la création. Quand il est écrit dans la Genèse (1,28 et 2,19) que Dieu étendit la royauté de l'homme sur les animaux en le chargeant de leur donner un nom, il faut assurément entendre le texte dans sa littéralité, nous disent les exégètes anciens, mais il faut entendre aussi que ce pouvoir signifie que l'homme doit dominer ses passions. Et la preuve c'est que le péché d'Adam fut le signe de la révolte chez les animaux. «As-tu vraiment été créé maître des bêtes sauvages, dit saint Basile (*Sur l'Origine de l'Homme*, I, 19), si, en commandant à celles de l'extérieur, tu laisses celles du dedans sans les maîtriser... Car c'est une foule de bêtes sauvages que tu portes en toi... La colère est un petit fauve quand elle aboie dans ton cœur... Et la ruse qui se tapit dans une âme perfide n'est-elle pas plus farouche qu'un ours des cavernes...?»

Le bestiaire des églises, pour des fidèles familiarisées avec ces idées, évoquait sans aucun doute la situation de l'homme en ce monde: affrontement des passions entre les hommes, mais surtout au cœur de l'homme. Et ce, quelque fût l'intention des artistes qui exécutaient les dessins ou celle des commanditaires qui choisissaient le programme décoratif. Peut-on aller plus loin et dire avec A. Grabar, par exemple, que les animaux qui occupent les nefs où se tiennent les fidèles symbolisent le monde, tandis que dans l'abside où se dresse l'autel, ils évoquent la vie céleste? Le fait est que dans les nefs on rencontre indistinctement animaux paisibles et animaux féroces; dans les absides, au contraire, n'habitent, parmi les rinceaux et les pampres de vigne, symboles eucharistiques, que des animaux tranquilles, et jamais le sang ne coule. A. Grabar voit même dans le tapis rectangulaire qui sépare parfois la mosaïque semi-circulaire de l'abside du tapis de la nef, comme une manière de souligner la distance entre le monde de péché et le paradis. Une telle opposition est évidente dans la basilique syrienne de l'archevêque Photios, à Ḥūarte d'Apamène (Ve s. ex.) Elle l'est moins dans l'église parallèle consacrée à saint Michel — le *Michaelion* —, car la mosaïque de la nef n'est occupée que par des animaux en paix.

Mais la mosaïque du *Michaelion* est exceptionnelle. L'homme, en effet, figure rarement dans les bestiaires des églises, car malgré des analogies, ils ne constituent pas des scènes de chasse à proprement parler. Cette absence peut s'expliquer par les interdits ou les réserves qui excluaient l'homme des décors de pavement. Le *Michaelion* présente donc un cas particulier. Mais la figuration humaine trouve sa justification dans le rapport qui existe entre les sujets représentés et le culte qui se célébrait dans un sanctuaire consacré à l'archange saint Michel.

Je ne ferai, en fin d'exposé, qu'une allusion à ce dernier point que j'ai déjà eu l'occasion de traiter ailleurs. Je voudrais aujourd'hui reprendre le commentaire de la mosaïque de la nef du *Michaelion* où l'on voit Adam nommant les animaux, en insistant sur la signification du griffon dans cette composition (fig. 1).

Le tableau est bien équilibré. De part et d'autre d'Adam, deux arbres forment une sorte d'espace sacré; sur une mosaïque analogue, conservée à Hama, Adam est sous un arc triomphal. Dans chacun des arbres, s'enroule un serpent, la gueule

*Fig. 1*: La mosaïque d'Adam dans le *Michaelion* de Ḥūarte (V^e s.).

tournée vers Adam. Quatre animaux encadrent Adam: face au spectateur et à gauche, le lion en bas, le griffon en haut; à droite, l'aigle en bas et le phénix en haut. Tous quatre sont tournés vers Adam et se tiennent immobiles. En haut, une mangouste et quelques oiseaux emplissent l'espace.

Le personnage d'Adam, surmonté de son nom en caractères grecs, commande l'interprétation de la scène, tout en recevant de certains animaux une signification particulière.

L'ensemble de la composition se situe dans la tradition iconographique d'Orphée charmant les animaux. Notons toutefois qu'entre le personnage d'Adam et Orphée il n'y a pas d'identification directe. L'attitude d'Adam est différente, son vêtement n'est pas celui d'un Orphée et son trône est celui du consul, de l'empereur ou du Christ en majesté. Au lieu d'une lyre, Adam tient un livre ouvert dans sa direction. Évidemment, si Orphée charme le monde par la musique, par le *nomos* comme l'explique Clément d'Alexandrie dans le *Protreptique* (I, 2.3-4), le Christ, Fils et *Logos* de Dieu, l'a créé et l'a restauré par sa parole. Ceci établit assurément une relation entre Orphée et le Christ, plutôt qu'entre Adam et Orphée, — à moins qu'on ne voie aussi dans l'Adam représenté sur notre mosaïque une image du second Adam, de l'Homme nouveau selon saint Paul, c'est à dire du Christ. Or c'est précisément l'interprétation qu'on donnera de cette image, si on la déchiffre comme un texte scripturaire, c'est à dire en la comprenant d'abord au sens littéral et «historique», puis en dégageant le sens spirituel et typologique.

Adam occupé à nommer les animaux est sans doute le premier homme de la Genèse, établi roi de la création: les quatre lettres de son nom, qui sont les initiales des points cardinaux en grec, le désignent comme tel. Mais son costume est inattendu, puisqu'Adam est encore nu quand il nomme les animaux, n'ayant pas encore péché. Vêtements de lumière dont le revêtent les écrits gnostiques? Ce n'est pas évident. Son livre est encore plus étonnant: livre de la science que les Pseudépigraphes attribuent à Adam? L'explication est à retenir, sans satisfaire pleinement. Mais les vêtements, le livre et le trône se comprennent mieux dès lors qu'à travers le personnage du premier homme on découvre la figure du Christ, l'Homme nouveau, le premier-né d'une création restaurée, tel que le définit saint Paul (*Rom.* 5,15-16).

Les quatre animaux, docilement soumis, vont en effet commencer à parler, si j'ose dire, — comme le faisaient les animaux avant le péché d'Adam, selon certains Apocryphes. Les animaux vont entrer dans le mystère de l'Homme et aider à le révéler.

Le Phénix d'abord. Sa légende, sous ses différentes versions, est bien connue des Anciens. Le *Physiologus*, vers le III$^{e}$ siècle de notre ère, voit dans l'oiseau qui, tous les cinq cents ans, renaît de ses cendres, un symbole de la résurrection et même le Christ ressuscité. Cet oiseau du soleil regarde lui aussi vers Adam qu'il transfigure en quelque manière pour le révéler à nos yeux, comme le Fils de l'Homme, image même de Dieu (fig. 2).

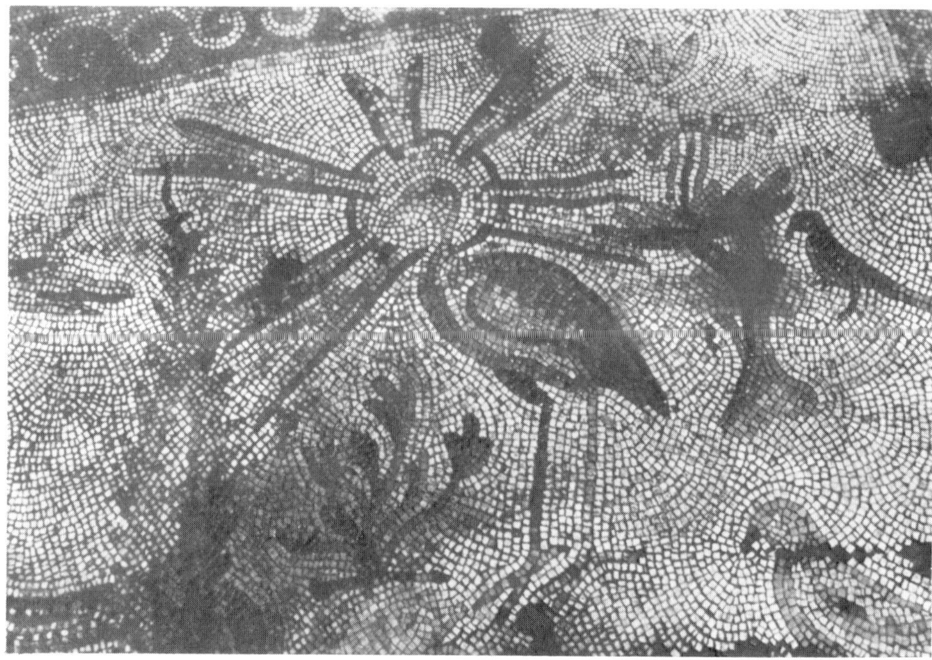

*Fig. 2*: Le phénix dans la mosaïque d'Adam du *Michaelion* de Ḥūarte (V$^{e}$ s.).

Naguère, J. Lassus voyait dans le merveilleux Phénix qu'il avait découvert à Antioche et qui est désormais exposé au Musée du Louvre, une expression de l'*aeternitas imperii*. On peut élargir encore cette interprétation, comme l'a si bien fait le P. Festugière, lorsqu'il relevait, dans le contexte du mysticisme alexandrin et de l'hermétisme au IV^e siècle, les différents aspects du symbole du Phénix, «ses relations avec le soleil, sa royauté sur les autres oiseaux, sa vie au paradis et sa mort sur le bûcher, ses rapports avec le palmier et l'aigle»; il insistait aussi sur le caractère hermaphrodite de l'animal qui est celui de la divinité suprême dans l'orphisme tardif et dans l'hermétisme. La continuité de sa mort et de sa résurrection est elle-même en rapport avec le thème de la *renovatio temporum* (*ananeôsis*), chère à la pensée hellénistique qui voit dans la présence de l'*aiôn* au sein du cosmos un principe de vie et d'espérance pour le monde.

L'aigle, ailes légèrement ouvertes, tête tournée vers Adam, se tient au pied du trône. Sa fonction est en effet de se tenir au pied du trône impérial dont il assure la pérennité: oiseau psychopompe par qui s'accomplissaient les apothéoses, il est symbole du ciel et, dans l'*Apocalypse de Baruch*, il annonce la fin des temps. Mais, comme au Phénix, le *Physiologus* lui attribue le privilège de renouveler perpétuelle-

*Fig. 3*: Le griffon dans la mosaïque d'Adam du *Michaelion* de Ḥūarte (V^e s.).

ment la jeunesse et en fait ainsi le symbole de l'homme vieilli dans le péché et rajeuni dans l'immersion baptismale.

Symbolisme compliqué, où se mêlent légendes païennes et spéculations gnostiques dangeureuses pour l'orthodoxie, mais qui se décante et se concentre sur l'image d'Adam pour dire à travers elle toute la richesse de l'Homme nouveau.

À gauche d'Adam, pour le spectateur, le lion surmonté du griffon (fig. 3). Aux maîtres des airs, s'oppose en quelque sorte le roi des animaux terrestres, incarnation de la force dénuée de raison autant que de la tyrannie. Mais il se soumet à Adam et l'on pense au symbole que le *Physiologus* manifeste en lui quand il désigne le Christ, selon l'Écriture, comme «lion de Juda», «Seigneur des puissances et roi de gloire» (*Ps* 28,8-10); et les singuliers privilèges de sa nature ne sont-ils pas encore des signes du Christ ressuscité? En tout cas, le lion et l'aigle, traditionnellement symboles des évangélistes Luc et Jean, ne semblent pas les représenter ici, car le phénix et le griffon sont sans rapports avec les autres évangélistes.

Le griffon est sans doute l'animal fabuleux le plus difficile à comprendre. Pour les Anciens, le griffon, le phénix ou la licorne qu'on voit aussi sur les mosaïques de Ḥūarte, passaient pour des animaux réels, quoique rares. Du moins, dans les textes qui leur sont consacrés, si l'on met à part, dans l'Antiquité, la licorne, le griffon et le phénix sont moins l'objet de descriptions que de rapprochements symboliques. Le griffon n'a pas de légende propre comme le phénix, mais il trouve place dans la mythologie et son symbolisme à travers l'iconographie devient au cours des siècles de plus en plus complexe.

Le griffon de la scène d'Adam est presque identique à celui qui figure dans le collatéral sud du *Michaelion* (fig. 4): corps léonin ailé et tête à oreilles de lion mais bec d'aigle, longue queue serpentine. L'un et l'autre paraissent asexués. Les ailes longues et étroites sont plus largement éployées dans l'une des figures, tandis que le griffon d'Adam est le seul dont les pieds soient palmés. Cette morphologie faisait dire à Philostrate que le monstre dont les ailes n'étaient guère faites pour des vols à longue distance, compensait cet inconvénient par les membranes de ses pattes! Typologiquement, ce griffon se distingue des autres espèces à tête léonine et, a fortiori, des griffons à corps anguiforme. Les griffons de Ḥūarte sont de la même famille, au sexe près, que ceux qu'on peut voir sur les monuments funéraires de l'époque impériale; toutefois, si la crinière est apparente, ils ne possèdent pas la barbiche qu'on voit sur certains specimens. Le hasard ne suffit pas à expliquer leur présence dans les deux mosaïques, si différentes, du *Michaelion*. Dans le contexte de chasse du collatéral sud, le griffon remplit sa fonction normale de grand prédateur. Faut-il voir encore dans le monstre qui déchire un taureau un symbole solaire qui rappellerait celui de la vieille Égypte. Je n'oserais l'insinuer. Mais plutôt une scène qui se rattache au thème des griffons luttant contre toutes sortes d'animaux, comme on les voit combattre — mais dans le contexte de la légende — contre les Arimaspes.

Dans l'environnement orphique d'Adam, le griffon adopte une attitude typologiquement inédite hors de ce contexte. Il ne se rencontre en effet jamais dans cette position en dehors du voisinage d'Orphée, par exemple sur la pixide de Bobbio (fin

*Fig. 4*: Le griffon dans la mosaïque du bas-côté sud du *Michaelion* de Ḥūarte (Vᵉ s.).

du IVᵉ s.) ou dans la mosaïque de Shahba-Philippopolis (deuxième quart du IVᵉ s.). Et encore n'apparaît-il que tardivement et exceptionnellement dans la cour d'Orphée où il figure comme une des bêtes particulièrement féroces qui ont cédé au charme d'Orphée.

Ce n'est pourtant pas, auprès d'Adam, comme bête sauvage mais soumise qu'il joue un rôle. En ce sens, et malgré les apparences, le griffon d'Adam n'a pas la même nature que celui qui terrasse le taureau. Il se distingue même en cela du lion. Mais comme le lion et l'aigle, il porte sous son aspect composite une charge symbolique qu'il s'agit de préciser.

L'étude thématique du griffon a été suffisamment poussée, en particulier par Chr. Delplace, pour que l'on puisse, au risque de simplifier outrageusement, tenter une schématisation du symbolisme du griffon sous la République romaine et le

Principat. Monstre apollinien ou dionysiaque, le griffon est un être ordonné à l'au-delà. Il entraîne le char des héros dans les airs pour célébrer leur apothéose; psychopompe, il emporte cette figure voilée qui cache l'âme du défunt, cette âme engendrée du soleil qui retourne vers le soleil régénérateur. Ce sont des griffons qui se tiennent affrontés sur les côtés des sarcophages, associés parfois hiératiquement à l'aigle: «Comme tous les motifs de la symbolique triomphale, écrit R. Turcan, le griffon pourra représenter la victoire sur la mort de l'âme, qu'il arrache aux miasmes du monde et qu'il véhicule au-dessus de la matière jusqu'aux splendeurs éthérées».

Peu de textes anciens nous apportent des éclaircissements sur la signification du griffon. Il serait intéressant pour le comprendre dans un contexte chrétien d'interroger, comme on a pu le faire pour la licorne, les commentaires exégétiques sur les passages de l'Ancien Testament où le griffon est mentionné. Or le griffon (*grùps*) n'est nommé que dans *Lv* 11,14 et *Dt* 14,14, en parallèle avec le gypaète (*gùps*), associés à l'aigle: l'identité de l'oiseau est assurément incertaine, mais il suffit de voir en lui une sorte de vautour, oiseau prédateur dont la signification est vite trouvée; déjà Philon en faisait le symbole de la tyrannie, interprétation que l'auteur de l'*Épître de Barnabé* reprend à son compte avec de nombreux commentateurs.

Il se peut que les fidèles aient pu comprendre ainsi l'image du griffon dans le collatéral sud du *Michaelion*. Mais elle ne paraît pas suffisante pour expliquer le griffon symétrique du phénix dans la mosaïque d'Adam. Il semble qu'il faille plutôt rapprocher ce dernier de ces griffons que les auteurs tardifs associent à Némésis, divinité de la vengeance et de la justice distributive, mais qui est plus spécialement chargée de rétablir l'équilibre universel que rompt toute démesure de la part de l'homme. Nonnos, au Ve siècle ap. J.-C., décrit ainsi cette puissance, ce *daimôn* qui se soumet tous les êtres: «Autour d'elle, auprès du trône, vole un oiseau persécuteur qui s'élève sur le battement de ses quatre ailes». «Persécuteur» (*alastôr*) c'est l'épithète que les écrivains chrétiens appliquent couramment à Satan.

Symbole du destin régulateur, l'*Anthologie* nous montre Némésis présente dans le monde agonistique, dans celui du cirque par exemple. Elle est représentée dans les reliefs, le pied posé sur la roue, avec parfois le griffon à ses côtés. Parfois même, elle est là, mais invisible, auprès du griffon qui pose lui-même une de ses pattes antérieures sur la roue. Dans un relief de Thessalonique, Némésis est figurée avec *Elpis*, l'Espérance, d'un côté et, de l'autre, un griffon, la patte posée sur la roue symbolique, avec l'inscription «*Nemesis Nik(ai)a*», «Némésis qui donne la victoire».

Sans doute est-ce à la lumière de ces textes et de ces représentations figurées qu'il faut interpréter la curieuse image qu'on voit à l'extrémité droite de la grande scène de chasse, sur la mosaïque de Piazza Armerina (IVe s.): un griffon, semblable à ceux de Ḥūarte, est agrippé à une cage dans laquelle on aperçoit un visage humain. Signe probable de la fatalité de la mort qui s'abat sur l'homme, — d'autant plus saisissant qu'il apparaît comme un ironique renversement des rôles dans ce vaste tableau où l'homme exerce par la violence et l'astuce sa domination sur l'animal sans raison. Pour le chrétien, il peut alors signifier la mort conséquence du péché.

C'est le sens, un des sens, que nous pourrions donner au griffon dans la mosaïque d'Adam, du premier Adam et du nouvel Adam. Antithèse du phénix de la résurrection, le griffon s'incline à son tour devant l'Homme nouveau contre lequel il ne peut plus rien, puisque par lui la mort a été vaincue. Et toute la complexité symbolique du monstre fournit dès lors autant d'images pour exprimer le triomphe de l'Esprit sur les forces de la mort.

Et si l'on prête attention à la place qu'occupe la mosaïque d'Adam dans ce sanctuaire, on se rappellera que l'archange Michel y était vénéré comme psychopompe. Le *Michaelion* de Ḥūarte est d'ailleurs édifié sur une vaste chambre funéraire collective. Mais le culte des anges n'était pas sans créer des risques pour les fidèles qui ne devaient pas voir en eux des émules du Dieu Un, comme auteurs de la création du monde matériel. Condamné pour cette raison à la fin du IV^e^ siècle par un canon du concile de Laodicée de Phrygie, le culte s'était néanmoins largement répandu dans la seconde moitié du V^e^ siècle, tandis que l'Église s'efforçait de le canaliser dans les règles de l'orthodoxie: par exemple, pour rappeler aux chrétiens que, malgré leur nature spirituelle et leur perfection, les anges ne sont que des créatures de Dieu au service des hommes, la hiérarchie associait leur culte à celui, non moins populaire et bien organisé, des martyrs; les témoignages archéologiques et iconographiques viennent confirmer sur ce point celui du patriarche Sévère d'Antioche (512-518). D'ailleurs, S. Paul, dans son *Épître aux Colossiens,* avait déjà mis les chrétiens en garde contre le culte des Puissances et des forces astrales maîtres du destin, désormais détrônées depuis que le Christ avait pris en main la direction de l'univers. Or, dans la piété des IV^e^-V^e^ siècles, l'archange Michel apparaissait comme le chef des milices célestes, le premier à s'incliner devant le Fils de Dieu fait homme. Dans le *Michaelion* de Ḥūarte et en présence de la mosaïque d'Adam, les fidèles se rapplaient sans doute l'histoire que rapportent les Apocryphes et qui est passée dans le Coran: lorsque Dieu eut créé l'homme, il ordonna aux anges de s'incliner devant lui; nombre d'entre eux, à la suite de Satan, refusèrent, tandis que Michel à la tête des anges fidèles l'adorèrent, voyant en lui l'image du Fils de l'Homme à venir. Dans ce cadre, le griffon n'est-il pas le symbole de ces puissances célestes qui avaient égaré et terrifié le monde païen?

Il semble difficile de s'arrêter à une interprétation unique. Chaque élément qui compose le tableau de Ḥūarte y prend place avec toute sa complexité symbolique, mais doit être interprété en fonction de l'ensemble. Or, dans son ensemble, la composition revêt un double sens, selon que l'on considère l'interprétation littérale du texte de la Genèse, c'est à dire Adam nommant les animaux, ou la signification typologique de cette scène, c'est à dire le Nouvel Adam qui inaugure un monde nouveau, transfiguré dans l'apocastase de la résurrection.

## BIBLIOGRAPHIE

Sur les mosaïques de Syrie, on consultera J. BALTY, *Mosaïques antiques de Syrie*. Bruxelles 1977; J.-Ch. BALTY, *Guide d'Apamée*. Bruxelles 1981.

Les sources anciennes sur la nature et le symbolisme animal et les travaux utilisés pour la rédaction de cette conférence ont été cités dans M.-T. et P. CANIVET, La mosaïque d'Adam dans l'église syrienne de Ḥūarte (Ve s.). *Cahiers archéologiques* XXIV (1975), 49-68. — Sur le Phénix, voir R. VAN DEN BROECK, *The Myth of the Phoenix, according to classical and early christian Tradition*. Leyde 1972. — Sur la Licorne, voir J. W. EINHORN, *Spiritalis Unicornis. Münstersche Mittelalter-Schriften* 13, Munich 1976; M.-T. et P. CANIVET, La Licorne dans les mosaïques de Ḥūarte d'Apamène (Syrie, IVe-V[e] s.), *Byzantion* XLIX (1979), 57-87. — Sur le Griffon, voir A. BISI, *Il Grifone. Storia di un motivo iconografico nell'antico Oriente Mediterraneo*. Rome 1965; G. MONGANARO, s.v. «Grifo», *Enciclopedia dell'Arte Antica classica e orientale*, IV (1960), 1060-1063; I. FLAGGE, *Untersuchungen zur Rolle des Greifen*, ed. H. Richerz Sankt Augustin 1975 (cf. *Bull. de l'A.I.E.M.A.* 7 (1978), n° 302); C. SITIS-FRUGONI, Il Grifone e la tigre nella «Grande Caccia» di Piazza Armerina, *Cahiers archéologiques* XXIV (1975), 21-32; Ch. DELPLACE, *Le Griffon, de l'archaïsme à l'époque romaine. Étude iconographique et essai d'interprétation symbolique* (thèse dact. de l'Université Libre de Bruxelles, 1978), à paraître; J. QUAEGEBEUR, De l'origine égyptienne du Griffon Némésis. *Visages du Destin dans les Mythologies (Mélanges J. Duchemin), Actes du Colloque de Chantilly, 1er-2[e] mai 1980*, Paris 1983, 41-54.

# INDEX DES NOMS GÉOGRAPHIQUES

# INDEX MATIÈRES

ORIENTALISTE, P.B. 41, B-3000 Leuven